Dating 4 everybody

Der moderne Ratgeber
für binäre und nichtbinäre Menschen!

Für alle Aliens, die nicht der Norm entsprechen.

Das ist völlig legitim und muss nicht erklärt werden.

Torsten Ideus

Dating 4 everybody

Der moderne Ratgeber

für binäre und nichtbinäre Menschen!

Auch wenn dieser Ratgeber viele Charaktere zur Vertiefung der Themen benutzt, sind diese alle komplett fiktiv. Ähnlichkeiten mit lebenden Personen und Organisationen wären rein zufällig und nicht beabsichtigt.

Bibliografische Information der Deutschen Nationalbibliothek:

Die Deutsche Nationalbibliothek verzeichnet diese Publikation in der Deutschen Nationalbibliografie; detaillierte bibliografische Daten sind im Internet über http://dnb.dnb.de abrufbar.

© Torsten Ideus

Berumbur 2021

Herstellung und Verlag: BoD – Books on Demand, Norderstedt

ISBN: 978-3-754-328-23-1

Fotos im Buch sowie auf dem Cover: Torsten Ideus & Pixabay

Cover, Satz & Layout, Illustrationen: Torsten Ideus & Pixabay

Vorwort

Dieses Buch lebt davon, dass der Leser den Inhalt für sich aufnimmt und auf das eigene Leben überträgt. Es wird Dir nicht helfen, wenn Du es nur liest und es dann ins Billy-Regal zurückstellst.

Ich hoffe, dass ich Dich vielfach zum Nachdenken anregen kann. Die von mir angesprochenen Themen sind manchmal durchaus heikel und werden Dich weit aus der Komfortzone treiben. Das ist ganz wichtig, um Deine Persönlichkeit weiter zu entwickeln und Dein Selbstwertgefühl auf ein neues Level zu heben.

Du wirst in diesem Buch keine konkreten Übungen finden, weil es hier um zwischenmenschliche Beziehungen geht und da gibt es keine festen Regeln – kein richtig und kein falsch. Schließlich hast Du es mit Individuen zu tun, von denen jeder anders agiert.

Im Idealfall wird sich Dein Mindset dahingehend verändern, dass Du das Fehlverhalten Deiner Mitmenschen erkennen und mit besserem Wissen darauf reagieren kannst. Damit erhöhen sich Deine Chancen auf ein Happy-end um ein Vielfaches!

Unterstützung findest Du, wie im „Coachingbook Novelwriting", von meinen **Avatar-Coaches**, die ich diesmal genauer vorstellen möchte:

→ **Vadim** ist nicht nur der kreative Kopf des Trios, sondern definiert sich selbst als nichtbinär, ohne seine Identität genauer eingrenzen zu können. Xier bezeichnet sich als pansexuell und sucht persönlich nach einem besonderen Menschen, ganz egal welchen Geschlechtes.

→ **Siobhan** ist genderfluid und macht es von der Tagesform abhängig, ob sie sich eher weiblich oder männlich fühlt. Sexuell gesehen mag sie vor allem Frauen, bezeichnet sich aber nicht als lesbisch.

→ Und **Roark** ist ein Transmann, der keinen Bedarf sieht, die letzte endgültige Operation in naher Zukunft durchzu-ziehen, sich zu den männlichen Wesen hingezogen fühlt, welche aber ebenfalls gerne trans* sein

dürfen.

Auch gerade dieses Trio hat ein großes Interesse an einem Dating-Buch, das deren spezielle Bedürfnisse mit involviert und vor allem: überhaupt endlich mal wahrnimmt!

Diese drei Coaches begleiten Dich das ganze Buch über, kommentieren den einen oder anderen Absatz und stehen Dir als seelischen Beistand bei Deiner Reise zu Dir selbst zur Seite.

In meinem Sprachgebrauch werde ich in diesem Buch nicht konstant und konsequent gendern, weil es den Lesefluss stark beeinträchtigt. Trotzdem habe ich versucht, möglichst viele Stolpersteine zu umgehen. Das Wort „Dating-Partner" habe ich als solches stehenlassen, wobei dieser Partner natürlich jegliche Gender identity sowie Geschlecht haben kann.

Und nun wünsche ich Dir viel Spaß beim Eintauchen in Deine persönliche „Dating-World"! ;-)

Torsten Ideus

Inhaltsverzeichnis:

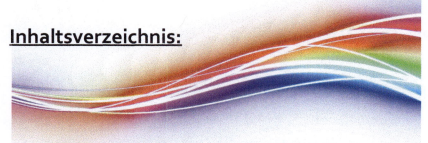

1. Wie sehen Deine Grundvoraussetzungen aus?

1.1. Das Umbrella-Spektrum und Deine Position darin

1.2. Sexuelle Positionierung und Ausrichtung

1.3. Was bringst Du in eine Partnerschaft mit?

2. Reise in Deine Vergangenheit

2.1. Der richtige Umgang mit der Vaterfigur

2.2. Die Beziehung Deiner Eltern

2.3. Das Ende Deiner Jungfräulichkeit

3. Die Probleme der Gegenwart

3.1 Wo stehst Du in Deinem Leben?

3.2. Deine Dating-Situation der letzten sechs Monate

3.3. Wieso Du feststecken könntest

4. Die ersten Schritte in die Zukunft

4.1. Welche Ansprüche hast Du an Deinen Partner?

4.2. Sag Goodbye zu Mr. Right!

4.3. Suchen wir nach Mr.Right now!

5. Das digitale Dating-Paradoxon

5.1. Der nutzlose Zeitfresser „Online-Dating"

5.2. Warum Whatsapp alles nur noch schlimmer macht

5.3. Der Überwachungsdrang als Beziehungskiller

6. Der trügerische Schein der realen Welt

6.1. Das Problem mit dem Anspruch

6.2. Vergiss Deine Standards nicht!

6.3. Der Blick hinter die Fassaden

7. Das fatale Öffnen der Ex-Files

7.1 Die tägliche Battle des Vergleichens

7.2. Das Ausblenden der Traumata

7.3. Das Kennenlernen eines Ex-Menschen

8. Die Dating-Struktur

8.1. Die Kunst, beim ersten Date nicht zu versagen

8.2. Das richtige Kommunizieren Deiner Werte

8.3. Mit welchen Tools Du Dein Gegenüber analysierst

9. Das Aschenputtl-Syndrom

9.1. Wie sich die Spreu vom Weizen trennen lässt

9.2. Finger weg von Prinz Charming!

9.3. Die Hochzeitsglocken läuten nicht mehr

10. Vom Date zum Relationship

10.1. Was kommt nach der Dating-Phase?

10.2. Das Erwachen nach Ablegen der rosaroten Brille

10.3. Wo führt das Ganze eigentlich hin?

11. Freundschafts-Feedback-Drama

11.1. Die Meinung des BFF

11.2. Kein Trapez-Tanz ohne Sicherungs-Netz!

11.3. Wenn die bösen Stimmen lauter werden

12. Die Sehnsucht des Wieder-Single-seins

12.1. War vorher doch alles besser?

12.2. Das Prinzip der offenen Beziehung

12.3. Sorgt Dein Partner für eine bessere Gesundheit?

13. Goodbye, Datingworld!

0. Einleitung

Es gibt gefühlt drölfzigtausend Dating-Ratgeber auf dem Büchermarkt und ungefähr ein Dutzend davon habe ich mir im Laufe meiner Datinglebens zugelegt, einige davon zu Ende gelesen – wirklich geholfen hat mir keines davon.

Woran lag das?
Diese Ratgeber gehen davon aus, dass ein Mann eine Frau sucht oder eben umgekehrt. Und das Ziel dieser Helferlein ist die monogame cis-heterosexuelle Beziehung. Das ist ja schön und gut, aber die DatingWorld besteht nicht nur aus Männern und Frauen!
Es gibt eine Vielzahl von Gender identities, die auf dem Umbrella-Spektrum in Millionen Farben eine große Band-breite liefern, die in Kombination mit der sexuellen  Orientierung unendlich viele Möglichkeiten bieten, sich selbst zu definieren.

Ich meinerseits bin als männliches Wesen geboren und habe

die letzten 40 Jahre als schwuler Mann gelebt. Erst, als ich für eine Reihe in meinem Blog www.toshisworld.blogspot.com tiefer in die Materie „non-binary" eingestiegen bin, habe ich nach und nach begriffen, dass ich mich selbst gar nicht als das klassische Bild eines Mannes definieren kann und will. Und darin lagen wohl auch viele meiner Datingprobleme – weil ich mich falsch gelabelt habe und dementsprechend die Erwartungen des Gegenübers nicht erfüllen konnte.

Mit meinem jetzigen Mindset bezeichne ich mich als „queer" (anstelle von schwul) und definiere mich weder als Mann noch als Frau. Ich bin eben ich, ein „Alien", wie ich mich und meine Podcast-Hörer nenne – ich falle aus dem Raster und ich weiß, dass es mehr von uns gibt als die heteronormative Community glaubt.

Aber bisher gab es eben keinen Guide, der die Menschen aus dem LSBTIQA*-Sektor mit einbezog. Nicht jeder Fisch sucht ein Fahrrad und menschliche Kreaturen stammen nicht alle von Mars und Venus, sondern bestimmt stammen auch einige von Merkur, Pluto – oder wie ich von „Proxima Centauri B". ;-)

Das Wort „Ratgeber" gefällt mir nicht, weil es direkt eine Hierarchie aufbaut. Derjenige, der den Rat gibt, steht über dem anderen und weiß es besser. Das finde ich allerdings ziemlich vermessen, denn auch ich muss mich mit den ganzen Problemen beim Dating auseinandersetzen und mache eben auch Fehler.

Ich kann Dir nur die Theorie liefern, wie es besser laufen könnte und dabei neue Wege aufzeigen, wie Du Dein Verhalten in Zukunft verändern kannst.

Ich bin ein bekennender Serienjunkie und beziehe vieles meiner Recherche auf Figuren meiner Lieblingsserien. In meiner Erläuterung zu den Beispielen gibt es mir den Vorteil, dass diese Charaktere überspitzt sind und damit schneller klar wird, wo die Probleme liegen. Zusätzlich kann ich Dir damit klare Bilder in den Kopf und weiteres Material an die Hand geben.

Mit dem „Gendern" im Sprachgebrauch habe ich tatsächlich noch so meine Probleme und bin eher tolerant unterwegs – mir ist sehr wohl bewusst, dass es sehr empfindliche Aliens gibt, die mir hoffentlich meine Patzer trotzdem verzeihen können. Ich spreche Dich im Buch mit „Du" an, sodass wir direkt auf einer persönlichen Ebene starten können. Wären wir in einem realen Dialog, würde ich natürlich nach Deinen bevorzugten Pronomen fragen! ;-)

Ich würde für mich am liebsten „xier" benutzen, aber im Alltag ist das für die Außenwelt so schwer, dass ich doch bei „er" geblieben bin, weil ich keine Lust habe, mich jedes Mal erklären zu müssen.

Und damit geht es ab ins Buch, damit Du für Dich auch erst einmal festlegen kannst, wie es denn bei Dir aussieht.

→ Wie bist Du gelabelt?

→ Verzichtest Du darauf?

→ Oder hast Du Dir noch nie Gedanken dazu gemacht?

Dann lass uns mal direkt ins Eingemachte gehen…

1. Wie sehen Deine Grundvoraussetzungen aus?

Dein optisches Aussehen spielt an dieser Stelle keine Rolle.
Ist das nicht mal schön? Diese wertenden Blicke auf Deiner Haut, die sich wie bei der Musterung eines Rasse-Schweins in Dein Fleisch brennen.

Die ewig quälende Frage, ob wir brauchbares Material sind, Güteklasse A, der Norm entsprechend, das Vorzeige-Objekt über das sich die möglichen Schwiegereltern freuen könnten.

Anstatt uns mit Selbstliebe und Achtung zu begegnen, wird unser Spiegelbild zum Feind. Weil wir uns, bewusst und/oder unbewusst von den Medien wie Zeitschriften und neuerdings gerne von Instagram und Tiktok vorgaukeln lassen, dass nur Models und super talentierte Sänger das Maß aller Dinge sind.

Die Realität wird im dunklen Keller eingesperrt, nur unter vorgehaltener Hand flüsternd erwähnt, mit zahlreichen Filtern zur Wahrheit 2.0 hochgetuned, bis von uns nicht viel mehr als unsere groben Konturen übrig bleiben. Und das ist schade! Weil wir doch nun wirklich mehr zu bieten haben als ein Speckröllchen hier und da, vielleicht die ersten Falten und trockene Haut.

Unsere inneren Werte werden konstant verdrängt, obwohl es

genau diese Elemente sind, die uns so großartig machen. Für die wir geliebt werden wollen und die mit unseren gemachten Erfahrungen nur noch besser werden können.

Unser Problem heutzutage:

Die DatingWorld ist nicht für die inneren Werte ausgelegt.
In den Profilen der unzähligen Dating-Portalen gibt es keine Rubrik dafür, keine Abfrage für die "Soft skills". Da zählt nur, wie viele Tattoos Du hast, welche Farbe Deine Haare haben und falls nötig kann auch noch die Größe Deiner Genitalien abgecheckt werden.

Selbst, wenn Du den nächsten Dating-Partner bei Drogerie Müller an der Kasse suchst, zählt nur der erste optische Eindruck, dessen Urteil im Bruchteil einer Sekunde erfolgt. Thumbs up or down?

Daher muss Dir klar sein:

Die Chancen, uns nach außen hin gut zu verkaufen, sind manipulierbar - je nachdem, wie gut Du Dich selbst kennst, kannst Du Deinen ersten Eindruck direkt beeinflussen. Es liegt an Dir, wie viel Du von Deiner Persönlichkeit freigibst. Gerne

etwas mysterious sein, aber bitte nicht verschlossen!
Denn das sagt Deinem möglichen Gegenüber direkt: halt stopp - bis hierhin und nicht weiter! Und das wollen wir natürlich nicht.

Lass uns daher gemeinsam herausfinden, wie Deine Grundvoraussetzungen aussehen. Welches Setting ist bei Dir gegeben? Mit welchen "Hard skills" können wir arbeiten?

1. Deine Gender identity
2. Deine Sexualität
3. Deine Soft skills

Mit dieser Basis lässt sich leichter einschätzen, wo die Reise hingehen soll.

Nach welcher Art Partner suchst Du überhaupt?
Was kommt für Dich überhaupt nicht in Frage?
Wie breit können wir Deine Dating-Optionen aufbauen?

1.1. Das Umbrella-Spektrum und Deine Position darin

Die Zeiten sind vorbei, in denen wir ausschließlich im binären System leben mussten. Entweder Mann oder Frau als einzige Entscheidungsmöglichkeiten sind heutzutage zum Glück nicht mehr nötig.

Die Zwei-Geschlechter-Trennung wurde von einem ganzen Spektrum an Variationen abgelöst, die Deine sogenannte "Gender identity" viel diffiziler und genauer beschreiben lässt. Der Begriff "Umbrella" (Regenschirm) gibt auch schon direkt die passende Form vor: eine Halbkugel, die eine vielschichtige Bandbreite an Identitäten bietet.

Um Deine Position auf dem Spektrum zu finden, müssen wir ein paar Grundbegriffe durchgehen:

"Cis-Menschen" identifizieren sich mit dem Geschlecht, das ihnen bei der Geburt zugewiesen wurde. Ein geborener Junge fühlt und sieht sich als Junge; ein Mädchen hat dies in der Geburtsurkunde stehen und geht damit konform.

"Trans-Menschen" gehen damit anders um. Denn sie fühlen sich häufig nicht vollständig und/oder gar nicht diesem Geschlecht zugehörig. Das kann auch bedeuten, dass sie sich weder dem weiblichen noch dem männlichen Geschlecht zugehörig sehen.

Als "Genderfluid" sind diejenigen einzuordnen, deren geschlechtliche Identität mal zum einen Extrem und dann wieder zur anderen Seite umschlagen kann. Auch das ist möglich und legitim.

Jemand, der sich als "Neutrois" bezeichnet, kann sich keinem der beiden Spektrums-Enden zuordnen und gehört damit in den nichtbinären Bereich (Agender).

Die Gegenseite sind "Bigender", die zwei Geschlechts-Identitäten in sich tragen, diese müssen allerdings nicht im binären Sektor zu finden sein.

"Intergender" befinden sich direkt in der Mitte des Spektrums und sind von der weiblichen wie von der männlichen Seite gleich weit entfernt.

Außerhalb dieser sehr groben Aufteilung gibt es viele weitere Facetten und die entsprechenden Bezeichnungen variieren stark und sind nicht überall anerkannt.

Ihre Anwesenheit lässt sich aber zum Glück nicht mehr leugnen und macht im Zeitalter der zelebrierten Diversity unsere Welt ein Stück weit bunter.

An dieser Stelle gehe ich nicht zwingend davon aus, dass Du Dich im Vorfeld mit den "Gender studies" auseinandergesetzt hast. Es ist völlig okay, wenn das für Dich Neuland ist - wenn es um das Prinzip Dating geht, solltest Du wissen, was Dich erwarten kann.

Meistens treffen sich bei einem Rendezvous nämlich zwei Menschen und die vielen Möglichkeiten, die auf Dich zutreffen können, lassen sich auf Deinen potentiellen Dating-Partner ebenfalls übertragen.

Beim Thema "Identität" geht es vor allem um Respekt, Akzeptanz und Toleranz. Diese wird von Dir erwartet und kannst Du im Umkehrschluss natürlich auch einfordern. Ich kann Dir aber leider garantieren, dass Du sie nicht immer erhalten wirst - und auch Dir wird es so manches Mal schwer fallen, diese großen Erwartungen zu erfüllen.

Die Redensart "Wir können den Menschen nur vor den Kopf schauen" ist hierbei ein entscheidendes Element. Häufig können wir nur erahnen, was in unserem Gegenüber vorgeht. Nur zu gerne würden wir Mäuschen im Unterbewusstsein desjenigen sein, um nur einen winzigen Funken mehr mitzukriegen.

Dir steht es frei, direkt im Vorfeld schon einige Identitäts-Muster aus Deinem Raster zu schmeißen - bedenke dabei aber, dass Du unmöglich wissen kannst, was Dir entgeht! Es sei denn natürlich, Du wärest ein übernatürliches Wesen mit entsprechenden Fähigkeiten. Selbst diesen Aspekt möchte ich nicht unerwähnt lassen.

Wenn du Dir sicher bist, ein Vampir zu sein, dann wäre ein Werwolf vielleicht nicht die passende Wahl für ein Date. Auf jeden Fall würde es für so manchen Reibungspunkt sorgen, da bin ich mir sicher. ;-)

Wie ich erst kürzlich lernen durfte, sind Meerjungfrauen auch mit Vorsicht zu genießen - sie beißen, kratzen und ihr Gesang wird Dich wahnsinnig machen!

Gut, trifft wohl auch auf so ziemlich jeden Castingshow-Kandidaten zu. Es muss gar nicht so abgehoben sein, um für Probleme zu sorgen.

Worauf ich hinaus wollte:

Du solltest Dich vor dem ersten Date vor allem mit Dir selbst beschäftigen und wissen, wie Deine Identität gestaltet ist.

Was macht Dich besonders?

Wo stehst Du in Sachen Regenbogen und mit welchen Varianten kannst Du Dich im Ernstfall arrangieren und welche bereiten Dir Kopfzerbrechen.

Mit diesem Wissen geht's weiter...

1.2. Sexuelle Positionierung und Ausrichtung

So, wenn Du das vorige Kapitel schon schwierig fandest, lege ich direkt noch eine Schippe drauf:
Deine Geschlechtsidentität sagt nichts über Deine sexuelle Orientierung aus! Auch hierbei gibt es im Umbrella-Spektrum vielfältige Kombinationsmöglichkeiten. Und diese Tatsache wird Dein Dating-Leben nicht leichter machen.

Würde ich Leute spontan auf der Straße fragen, welche sexuelle Ausrichtungen sie aufzählen könnten, würde ich höchstwahrscheinlich diese drei Varianten zu hören kriegen:

1. hetero
2. bi
3. schwul/lesbisch

Diese Kategorisierung ist ein wenig wie die Mengen-Definition von Farben. Das Klischee-Denken würde jetzt behaupten, die Antwort eines Hetero-Mannes wäre 16, während der schwule Mann 256 Millionen sagen würde. Wenn wir uns in der Mitte treffen, haben wir einen guten Anfang für diesen ersten Einstieg.

Es fehlt zum Beispiel der vierte Punkt: Asexualität - nicht jeder Mensch verspürt den Trieb seine Sexualität auszuleben, sofern er sie überhaupt spürt.

Die lieben Triebe sind dabei ein gutes Stichwort, denn das Level der Stärke ist ganz unterschiedlich ausgeprägt. Ich erinnere mich an eine Folge von "Sex and the City" aus der ersten Staffel. Ein Mann sagt: "Ich muss mindestens vier Mal am Tag masturbieren, um den Tag zu überstehen. Andere machen Kaffeepausen, ich lege Wichs-Pausen ein."

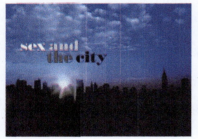

Solch eine Momentaufnahme trifft mit Sicherheit nicht auf jeden zu. Wer hat in seinem Job schon vier Kaffeepausen? Aber davon mal ganz abgesehen bleibt die Frage, wie sich unsere sexuelle Orientierung auf unsere Partnerwahl auswirkt.

Würden wir in diesem Buch ausschließlich mit dem binären System arbeiten, wäre das halbwegs easy. Du bist eine Frau und stehst auf Frauen? Dann such Dir eine Frau. Du bist ein Mann und stehst auf Frauen. Dann such Dir ebenfalls eine

Frau.

Aber so einfach mache ich es Dir hier nicht: Was ist, wenn Du eine Frau bist und verliebst Dich in tollen Mann, der aber noch im Körper einer Frau lebt? Oder Du triffst einen tollen Menschen, der weder Frau noch Mann ist?

Dafür gibt es ja zum Glück auch noch die fünfte Kategorie: Pansexualität. Diese noch recht neue Variante gibt Dir die Chance, das ganze Umbrella-Spektrum zu daten - ohne Ausnahme. Es bleibt weiterhin Dir überlassen, ob Du das möchtest.

Nächstes Szenario: Du bist selbst Genderfluid und bisexuell, was ja schon irgendwie ziemlich flexibel ist - und dann verlierst Du Dein Herz an einen asexuellen Neutrois. Also, da würde es mich schon wundern, wenn es ein zweites Date geben würde!

Und nun kommt noch ein weiterer Aspekt dazu, der mir als Cis-schwuler Mann gerne mal Schwierigkeiten bereitet: die sexuelle Positionierung:

1. top
2. bottom
3. versatile

Wer ist oben, wer unten, wer mag beides? Sprachlich auch übertragbar: dominant, submissive oder unentschlossen. Hier kommt dann doch ein von mir sehr verhasstes Bildnis zum Tragen: es macht mehr Spaß, wenn der Topf zum Deckel passt und umgekehrt.

Zwei Bottoms werden im Bett gemeinsam wenig Freude haben, ganz egal, wie super sie sich außerhalb davon verstehen. Selbiges gilt für die Tops und in dem Punkt brauchen wir uns auch nichts vormachen und die Sache schön reden. Du kannst gerne versuchen, das Dating aufrecht zu erhalten, aber Du wirst schnell merken, dass Dein Unterbewusstsein Dir mitteilt, wie unsinnig dieses Projekt auf Dauer sein wird.

Ein Problem in diesem Punkt muss ich anmerken: wenn Du nicht in einem schwulen Portal angemeldet bist, wirst Du sehr wahrscheinlich diese wichtige Information zu spät erhalten! Bei "PlanetRomeo" oder "GrindR" beispielsweise sind das

Pflichtfelder, die es aufzufüllen gilt, um mögliche Irrtümer direkt zu unterbinden.

Die wenigsten Hetero-Plattformen haben solche Angaben in ihren Profilen, was ich persönlich schade finde. So manchen Ärger könnten die Betreiber ihren Kunden ersparen, wenn sie ihnen diese kleine Information zugänglich machen würden.

Vielleicht hast Du beim Lesen bereits mehrfach gedacht: "Alter, das werde ich Dir bestimmt nicht direkt im ersten Kapitel erzählen! Lass uns erst einmal kennenlernen."

Und Du hast vollkommen Recht! Ich muss das nicht wissen, denn das geht mich gar nichts an. **Aber:** sehr wohl Dich selbst! Denn viele Menschen, die ich kenne, gehen an das Thema Dating falsch heran, weil sie sich zu wenig mit sich selbst auseinandersetzen.

Sie wissen gar nicht, was sie wollen und suchen sich daher fleißig die unpassenden Partner aus und wundern sich hinterher, warum ihnen alles um ihre hübschen Öhrchen fliegt. ;-)

Daher möchte ich als Coach erreichen, dass Du auf die

DatingWorld da draußen vorbereitet bist.

Du wirst trotzdem Fehler machen - das ist völlig okay und einfach nur menschlich. Genauso werden Deine möglichen Gegenüber nicht sofort alles richtig machen, nur weil Du dann Bescheid weißt, wie der sprichwörtliche Hase läuft.

Die sind wahrscheinlich dann noch nicht auf Deinem Level und Deiner eventuell nicht würdig.

Aber schauen wir im nächsten Step, auf welchem Level du überhaupt stehst...

1.3. Was bringst Du in eine Partnerschaft mit?

Seien wir ehrlich miteinander: auch wenn wir vor anderen Leuten behaupten, uns würde das Single-Leben Spaß machen und die DatingWorld würde unseren Alltag spannender machen - die meiste Zeit ist es einfach nur anstrengend und im Hinterkopf redet die ganze Zeit eine Stimme auf uns ein: "Partner fürs Leben, Partner fürs Leben, Partner fürs Leben." In der HBO-Serie "Sex and the City" sagt aber Samantha nicht umsonst zu ihrer Freundin Charlotte:

"Süße, wenn Du auf jedes Stimmchen in Deinem Kopf hörst, wirst Du irgendwann verrückt!"

Ich kann dem nur zustimmen. Wir neigen heutzutage dazu, im Laufe unseres Erwachsenwerdens immer mehr Neurosen auszubilden, die das Zusammenleben mit uns nicht unbedingt leichter machen.

Daher sollten wir nicht nur unsere Schwächen kennen, sondern auch unsere Stärken. Diese könnten das Leben eines anderen bereichern und so solltest Du auch das Thema Dating angehen.

Allein dieser Gedanke, wir wären ohne einen Partner nicht

vollständig, finde ich super gefährlich! Warum sollten wir uns selbst nicht genügen? Die meiste Zeit bin ich mir selbst zu viel. Von daher müssen wir unsere Einstellung ein wenig überdenken und etwas mehr wegkommen von diesem Hollywood-Müll, der versucht, mit einer ekelhaften Schwämme an Romantic-Comedies uns einzureden, dass wir dringend einen Seelenverwandten suchen sollen.

Ich finde den Ansatz viel schöner zu sagen: "Ich habe nicht nur Liebe zu verschenken, sondern auch noch soziale Skills, mit denen ich das Leben eines anderen Menschen besser machen kann."

Verstehe mich nicht falsch - Du musst Dich nicht wie ein Produkt verkaufen, sondern eher *wie ein Brand vermarkten*. Deine besten Eigenschaften sind wie ein Versprechen. So wie Louboutin für hochwertige Schuhe mit roter Sohle steht. Oder Fenty Beauty für High-end Make up.

Vielleicht bist Du genial im Bereich "Zeit-Management" oder Du kannst super mit Finanzen umgehen. Womöglich hast Du einen grünen Daumen und bist ein Pflanzen-Flüsterer. Oder hast ein tolles Auge für Details in Modefragen.

Unter Umständen hast du ein Händchen für den Umgang mit schwierigen Kindern und/oder besitzt viele Erfahrungen, wie sich ein erfolgreiches Business aufbauen lässt.

Und trotzdem neigen wir dazu, unseren Ausreden-Katalog mit unseren Macken und Marotten aufzustocken. Putz-Fimmel, Sortier-Zwang, Zocker-Leidenschaft, Serien-Junkie, Technik-Muffel, Shopping-Queen.

Aber diese Handicaps können wir beruhigt zurückhalten, auch wenn wir häufig denken, wir müssten direkt mit offenen Karten spielen. Versuche lieber, ein wenig mysteriös zu bleiben und behalte noch ein paar Geheimnisse zurück. Sei dermaßen interessant, dass Dein Gegenüber unbedingt mehr von Dir wissen möchte!

Deine Fehler entdeckt er/sie/es noch früh genug und einen wichtigen Faktor dürfen wir hierbei nicht vergessen: **Genau diese Fehler machen Dich auch liebenswert - weil Du eben nicht perfekt bist!** Und das ist gut so! Perfektion ist nämlich schrecklich langweilig.

Und Dein mögliches Gegenüber wird genauso wenig perfekt

sein. Ich empfinde diese Tatsache durchaus als tröstlich, Du nicht auch?

2. Reise in Deine Vergangenheit

Nun müssen wir zurück zu Deiner Kindheit. Voraussichtlich in die ersten drei Lebensjahre. Denn diese sogenannte "Prägungs-Phase" ist elementar wichtig für Deine soziale Entwicklung.

Dein elterliches Umfeld stellt die Weichen für Dein späteres Verhalten anderen Menschen gegenüber. Bist Du mit einem liebevollen Umgang aufgewachsen? Wurden Dir Deine Ängste genommen oder wurde Dir in dieser frühkindlichen Phase schon beigebracht, dass Du mit Deinem Stress-Level selbst haushalten musst?

Auch wenn die meisten Verhaltens-Biologen davon überzeugt sind, das die Prägung, anders als bei Tieren, nicht irreversibel sein muss, bin ich mir dessen nicht ganz so sicher. Vielleicht können mit jahrelanger Psycho- 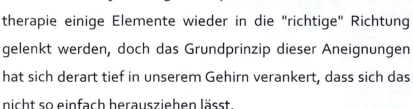 therapie einige Elemente wieder in die "richtige" Richtung gelenkt werden, doch das Grundprinzip dieser Aneignungen hat sich derart tief in unserem Gehirn verankert, dass sich das nicht so einfach herausziehen lässt.

Als kleiner Mensch müssen wir erst lernen, Vertrauen zu

anderen aufzubauen. Geschieht die aus verschiedenen Gründen nicht, wird es uns später als Erwachsener schwer fallen, dieses Vertrauen beim Daten umzusetzen. Das Aufbauen einer Bindung ist dann unglaublich schwer und nur unter bestimmten Voraussetzungen überhaupt realisierbar.

Leider zeigen nicht alle Eltern das Verständnis für die Ängste ihrer Kinder und spielen diese gerne herunter, ignorieren sie und/oder schüren sie gar noch.
Ihnen ist häufig nicht bewusst, welche Auswirkungen die Fehler der ersten drei Jahre auf die weitere Entwicklung haben. Später als Adult kriegen wir dann noch zusätzlich Druck und Schuldgefühle eingeredet:
→ "Warum bist Du denn immer noch Single?"
→ "Willst Du Dich nicht langsam mal fest binden?"
→ "Sieh mal zu, dass Du sesshaft wirst!"

Solche Phrasen sind gleich auf mehreren Ebenen völlig unangebracht. Wir sind gar nicht die Verursacher dieser Verhaltensweisen! Die Konsequenzen tragen wir trotzdem und dürfen tagtäglich mit den daraus resultierenden Problemen kämpfen.

**Werfen wir daher mal
einen Blick in Dein familiäres Umfeld...**

2.1. Der richtige Umgang mit der Vaterfigur

Auch wenn die Mutter unsere erste Bezugsperson ist, weil der Kontakt schon vor Geburt vorhanden, so ist das Verhältnis zum Vater häufiger schwieriger.

Hetero-Frauen suchen später gerne Männer, die ähnliche Eigenschaften mit sich bringen wie der Erzeuger. Diese These kann schlimme Folgen haben, denn nicht jeder Mann kann auch ein guter Vater sein. Es gibt welche, die strafen uns mit Nicht-Beachtung, Nicht-Achtung und/oder werden gar noch handgreiflich.

Psychologischer und sexueller Missbrauch kann das Verhältnis völlig zerstören - sich dann beim Dating Männer auszusuchen mit den Eigenschaften des Vaters... erklärt sich von selbst, wie schädlich das sein kann.

Dann das andere Extremum: der Vater einer Prinzessin hebt die Tochter auf den höchsten Sockel, den er finden kann. Das Kind wird regelrecht beworfen mit Aufmerksamkeit, bekommt dadurch aber kein Gefühl für dessen individuellen

Bedarf.

Bei der Partnerwahl wird dann ebenfalls der bunt geschmückte Thron erwartet, das Gegenüber wird zum Diener degradiert und die Chance, sich auf einer gemeinsamen Ebene zu treffen, komplett verhindert. Die Frau bleibt dauerhaft die Prinzessin und vergisst, erwachsen zu werden.

Es gibt leider noch genug Familien, die sich damit schwer tun, wenn sich die sexuelle Orientierung des Kindes anders entwickelt, als die Eltern erwartet haben.

Schwule und lesbische Kinder zu haben, wirkt manchmal schon fast modern und schick - bei Festivitäten gibt es dann unter den Eltern schon den direkten Austausch, wer wie viele "andersartige" Kinder hat.

Das Verständnis für Bi- und sogar für Pansexualität steigert sich zur Zeit (*Stand Juni 2020*), aber weiterhin scheint für Eltern die Asexualität schwer verständlich zu sein und wird gerne unter den Tisch gekehrt.

Die Ängste der Kinder vor dem Coming-out verzögert das Ankommen in der DatingWorld und verunsichert stark. Das Gegenüber wird hingehalten, Treffen zu Hause gehen gar nicht, die Eltern wollen den Partner gar nicht erst kennen lernen. Das Gefühl der Inakzeptanz nagt an unserem Selbstwert und erschwert das Ganze unnötig.

Soweit erst einmal die gängigen Cis-Probleme. Wenn wir das binäre System verlassen, kommen noch viele weitere Herausforderungen hinzu.

1949 erschien in Frankreich das Buch "Das andere Geschlecht" von Simone de Beauvoir, die als Pionierin das Theorem des vielschichtigen Genders beschrieb. Erst 1986 sorgte Joan Wallach Scott dafür, die "Frauenforschung" durch den Begriff "Geschlechterforschung" zu ersetzen.

Seit dem Wintersemester 1997/98 gibt es den Studiengang "Gender Studies" und dementsprechend entwickelte sich diese neuartige Kultur der "Gender identity" erst so richtig in den letzten zwanzig Jahren.

Geschichtlich betrachtet können wir den Eltern kaum einen Vorwurf machen, dass sie mit dieser rasanten Entwicklung kaum Schritt halten können. Gleichzeitig ist es für diese Generation, die mit diesen neuen Begrifflichkeiten aufwachsen und versuchen, sich selbst in diesen Kategorien wiederzufinden um so wichtiger, dass sie von den Eltern und eben auch vom Vater die entsprechende Anerkennung und Unterstützung erfahren.

Die Partnersuche im nichtbinären Raum gestaltet sich nämlich um einiges schwieriger und der Pool der möglichen Partner ist wesentlich kleiner.

Wenn ich mit anderen Menschen über diese Thematik spreche, höre ich häufig den Frage:
"Wozu? Das gab es doch früher auch nicht!"
Dann kann es schnell mal passieren, dass mein Blutdruck in die Höhe schießt und meine Wortwahl drastischer wird: "Die Begrifflichkeiten gab es früher vielleicht nicht und es wurde auch lieber totgeschwiegen als darüber zu sprechen - dafür war die Selbstmordrate früher auch viel höher!"

"Anderssein" war eben sehr lange Zeit überhaupt gar nicht "cool, hip und knorke". (*Ich weiß, es sind alte Begriffe der 90iger - Du magst mir diese nostalgische Benutzung verzeihen.*) ;-)

Eine Vaterfigur zu sein, kann Vor- und Nachteile haben. In welcher Form sich unsere Erzeuger in unsere DatingWorld einmischen kann gravierend sein, muss es aber nicht. Für die Menschen mit maskulinem Schwerpunkt kann noch dazu kommen, dass sie selbst die Züge ihrer Väter aufnehmen und unter Umständen damit Probleme beim Dating erzeugen.

Schauen wir uns dazu die Elternbeziehung einmal an…

2.2. Die Beziehung Deiner Eltern

Ich würde Dir sehr wünschen, dass Du in einem behüteten gut funktionierenden Haushalt aufgewachsen bist, mit beiden Elternteilen, deren Beziehung über mehrere Jahrzehnte durch gute und schlechte Zeiten gehalten hat.

Mir ist aber durchaus bewusst, dass wir nicht alle so aufwachsen. Die verschiedenen Systeme, in den wir groß werden, tragen ebenfalls dazu bei, unser Verhalten in der DatingWorld zu beeinflussen.

Allein im Jahr 2017 gab es über eine Million Scheidungskinder in Deutschland (https://de.statista.com), 2 Millionen minderjährige Menschen lebten in dem Jahr in einem alleinerziehenden Haushalt.

Und selbst, wenn Du nicht miterleben musstest, wie die Beziehung Deiner Eltern in die Brüche ging, heißt das noch lange nicht, dass sie gesund strukturiert aufgebaut war. Ich denke an tolerierte häusliche Gewalt, wo das jeweilige Opfer keinen Ausweg sieht.

Vielleicht lief die Ehe sogar, aber ein Elternteil ging trotzdem ständig fremd. Ich kenne sogar Beispiele, in denen der Vater ein Doppelleben führte und nebenbei noch eine ganz andere Familie mit Kindern hatte. Solche Geschichten können unseren Ur-Glauben in eine gute Beziehung gänzlich erschüttern.

Oder Du wächst mit dem Wissen auf, dass Deine Mutter nie wirklich glücklich war. Selbst wenn sie selbst dieses Thema nie angesprochen hat und es nur Dein persönliches Gefühl war, wird sich das in Deiner Seele festsetzen und Dich nur schwerlich loslassen.

Während wir dann einem möglichen Partner gegenüber sitzen, kommt dann wieder die kleine Stimme zu tragen, die uns einflüstert: "Sowas, wie bei Deinen Eltern willst Du auf keinen Fall!"

Dein Date braucht dann nur einen prekären Satz sagen, nur eine Andeutung einer entsprechenden Eigenschaft wird Dich derart triggern, dass die Person sofort raus ist. Wird direkt abgehakt und die Option auf eine zweite Chance geht gegen Null.

Und da kommt auch direkt die Gemeinheit: die Person, die für die schlechten Erinnerungen gesorgt hat, erfährt meistens nicht, warum sie aus dem System geflogen ist! Sie wird einfach gemieden, blockiert und ignoriert. Und es bleibt nur die Frage: **"Was habe ich denn nur falsch gemacht?"**

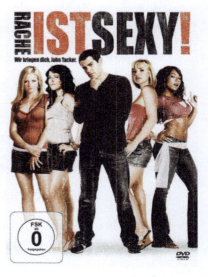

Im Film "Rache ist sexy" entwickelt Brittany Snow einen Hass auf Männer, weil sie als Kind dabei zusehen musste, wie ihre Mutter (Jenny McCarthy) jede Woche einen neuen Typen mit nach Hause brachte (Skip) und wenn dieser mit ihr Schluss machte, wurde eine Zeitlang rumgeheult und dann zogen sie stumpf in eine neue Stadt.

Die Folgen für solch einen Teenager brauche ich wohl nicht mehr erklären. Sie lernen gar nicht erst, wie eine gute Beziehung überhaupt aussehen könnte. Durch das Wegziehen werden sie der Möglichkeit beraubt, einen funktionierenden Freundeskreis aufzubauen.

Ein weiterer Faktor, der unser Beziehungsbild zum Wanken

bringen kann ist, wenn ein Elternteil (oder im schlimmsten Fall sogar beide) mit einer Suchterkrankung lebt. Auch diese Erfahrungen wirst Du mit in die DatingWorld hineintragen. Da bleibt Dir gar keine Wahl, denn auch hier kommt das Triggern wieder zum Zuge.

Egal, wie super Du Dein Gegenüber findest, weshalb es überhaupt erst zu diesem Date gekommen ist, auch hier reicht das kleinste Anzeichen aus, um die Stimmung komplett in die falsche Richtung kippen zu lassen. Ohne, dass wir es wollen!

Zum Stichwort "Suchterkrankung" gehört meist auch ein anderer Begriff: die *Co-Abhängigkeit*. Einer meiner liebsten Filme zu dem Thema ist ein Deutscher: "Dunkle Tage", mit Suzanne von Borsody in der Hauptrolle, zeigt die Leidens-Geschichte einer toxischen Mutter-Tochter-Beziehung, in der die Mutter nach dem unerwarteten Tod des Vaters in ein tiefes Loch fällt, das sie mit Alkohol zu füllen versucht.

Die Tochter fängt an, ein gut durchdachtes Lügenkonstrukt zu bauen, um das gesellschaftliche Umfeld ihrer Familie zu schützen. Dabei entgleitet ihr der Bruder, der zu sensibel ist, um mit der Situation fertig zu werden.

Erst, als die Tochter sich in einen Musik-Studenten verliebt und ihr das Ausmaß ihrer Blendung um die Ohren fliegt, realisiert sie, dass ihr Verhalten komplett in die falsche Richtung läuft.

Du siehst: Wir können gar nicht verhindern, dass die Beziehungswelt, mit der wir aufwachsen auch Auswirkungen auf unser Dating-Verhalten ausübt.

Wenn Du weißt, dass es ein oder mehrere Trigger-Stellen gibt, kannst Du sie unter Umständen mit einer Therapie kurieren - ansonsten kann ich nur raten, offen und ehrlich damit umzugehen, damit Dein Date keine bösen Überraschungen erlebt.

2.3. Das Ende Deiner Jungfräulichkeit

Und schon wieder wird es intimer, als es Dir vielleicht lieb ist. Aber die Antworten gibst Du Dir selbst. Ich werde sie nicht hören. Du kannst Dich also ganz entspannt mit dem Buch zurücklehnen und Deine Gedanken schweifen lassen.
Jetzt könnte an dieser Stelle jemand fragen: Warum sollte dieses Thema mein Dating-Leben beeinflussen? Solange Du mit Deinen Gegenübers nur Kaffee trinken gehst, vielleicht nichts. Aber wird es dabei bleiben? Und wenn nicht, wie wirkt sich der anstehende Sex auf unsere kommenden Dates aus?

Dein Sexleben wird von den ersten Erfahrungen geprägt. War es ein Summer-Fling? Das gleichaltrige Kind der Nachbarn? Jemand aus der Parallel-Klasse? Oder eben erst später, was völlig legitim ist. In der Studienzeit, in der ersten eigenen Wohnung? Nach einer Party unter Alkohol-Einfluss? Oder gehörst Du zu den Menschen, die auf eine feste Partnerschaft gewartet haben, um dann das erste Mal zu zelebrieren?

Ich persönlich, habe letztere Variante gewählt und bereue das heute nicht. Die Erinnerung daran bedeutet mir viel - aber das geht nicht allen so!

Aus meinem Bekanntenkreis kenne ich genug Stories, die sie mit hochrotem Kopf erzählen und wünschten, es wäre nie so passiert.

Vielfach hört man traumatisierte Erfahrungen, weil diese Personen viel zu früh in das Sexualleben gestartet sind und noch gar nicht die nötige Reife besessen haben. Daher verbinden sie das erste Mal mit negativen Assoziationen - vielleicht war es schmerzhaft, vielleicht hat es sich völlig falsch angefühlt, vielleicht war es auch viel zu schnell vorbei. Wer die Nähe und die Berührungen des anderen noch gar nicht bewerten kann, sollte das mit dem Sex einfach noch einen Moment sein lassen.

By the way: Laut www.onmeda.de verlieren in Deutschland 19-25 Prozent der Mädchen ihre Jungfräulichkeit mit 14 oder 15 Jahren, 39 Prozent mit 16 Jahren und 13 Prozent mit 17 Jahren. Bei den Jungen sind es 27-42 Prozent, die beim Ersten Mal 15 oder 16 sind.

Ich weiß nicht, wie es Dir mit diesen Zahlen geht, aber für mich sind diese statistischen Werte komplett wertlos. Warum? Weil sie rein auf dem binären System aufbauen. Wurden dabei nur heterosexuelle Jungs und Mädchen gefragt? Waren

Schwule und Lesben dabei? Wurde die Sexualität überhaupt berücksichtig? Von der Gender identity mal ganz zu schweigen. Sind die Zahlen so niedrig, weil das Umbrella-Spektrum nicht beachtet wurde? Vielleicht weil die nicht-binären Menschen in dieser Statistik gar nicht berücksichtigt wurden?

Ein ganz anderer Artikel auf der Website www.spektrum.de brachte mir noch einen weiteren Aspekt für dieses Kapitel. Wenn wir als Erwachsene (ab 18 Jahren) in die DatingWorld eintreten, gehen wir häufig davon aus, dass unserer Gegenüber bereits sexuelle Erfahrung hat. So manch einer sucht sogar speziell nach einem erfahrenen Partner, der unseren Wissensstand in puncto Liebesspiel um einiges erweitern kann.

Es gibt aber auch noch genug Menschen, beispielsweise über 30, die Jungfrauen sind. Motive dafür sind vielseitig: der introvertierte Nerd, der zu schüchtern ist, den nächsten Schritt zu tun. Der Workaholic, der vielen verpassten Chancen hinterher trauert. Das hässliche Entchen, das eigentlich gar nicht hässlich ist, aber sich so fühlt und deswegen niemanden an sich heran lässt.

Vergessen wir an dieser Stelle die Asexuellen nicht, die unter Umständen einfach keinen Bedarf für den Koitus sehen. Wobei es ein Trugschluss ist zu glauben, diese Kategorie von Menschen hätten einfach keinen Bock auf sexuelle Handlungen. Nur gilt es in diesem Fall zu verstehen, dass Du auch die Libido auf eine Skala setzen kannst und diese von Lebewesen zu Lebewesen variiert!

Die eine Person braucht fünf Mal die Woche Horizontal-Tango - der nächste kommt vielleicht mit einmal im Monat super klar. Ein anderer ist schon happy, wenn es einmal im Jahr klappt. Jeder empfindet das anders - und das ist völlig okay. Nur beim Dating kannst Du nicht zwingend davon ausgehen, dass Dein Gegenüber Dir sofort erzählt, welches Pensum auf der Skala er/sie/es bevorzugt.

Hier spielt Deine Bereitschaft zur Kooperation wieder eine gravierende Rolle! Mach bitte nicht auf "Anastacia Steele" und lass Dich auf kompromittierende Dinge ein, die Du gar nicht möchtest.

Nutze die kommenden Dates lieber dafür, über Deine

Erfahrungen mit dem potentiellen Partner zu reden und tauscht Euch über Eure individuellen Bedürfnisse aus.
Nur so kannst Du herausfinden, ob eine gemeinsame Zukunft infrage kommt oder Du lieber nebenbei ein Date mit jemand anders ausmachen solltest. ;-)

3. Die Probleme der Gegenwart

Tja, wo soll ich hier bloß anfangen? Der Obertitel von Kapitel 3 schreit förmlich nach einem eigenen Buch und trotzdem soll es bloß die Einführung ins nächste Thema sein.

Dieses Buch ist im Jahre 2020/21 entstanden - dementsprechend ist das Corona-Zeitalter noch voll im Gange. Dieser Virus hat in sehr kurzer Zeit viel verändert. Kurzweilig hielt förmlich die Welt an und so ziemlich alles, was wir für selbstverständlich hielten, wurde uns von einem Tag auf den anderen genommen.

Kontaktsperre, Kurzarbeit, geschlossene Geschäfte, voller Lockdown für die Gastronomie. Es war für die DatingWorld ein absoluter Albtraum - aus dem wir nur langsam wieder erwachen dürfen.

Das Essen gehen mit Mundschutz, Bars und Kneipen sind weiterhin geschlossen und in den Online-Portalen herrscht eine beängstigende Flaute. Wer bereits eine Partnerschaft hat, ist klar im Vorteil - neue Leute kennenzulernen, wird zum leibhaftigen Vabanque-Spiel.

Diese Online-Portale waren aber bereits im Vorfeld eine gefährliche Herausforderung. Als wäre es nicht schlimm

genug, auf den ersten Eindruck, der meistens ein optischer ist, reduziert zu werden - auf einmal muss das Profil ebenfalls ansprechend gestaltet sein. Wo vorher ein guter Haarschnitt und ein eigener Style gereicht hat, ist es nun zwingend nötig, auch noch Fotograf, Mediendesigner und Werbetexter zu sein.
You can't always get what you want
- or can you?

Und damit wären wir auch schon bei der Digitalisierung/ Industrialisierung 4.0.
Ha! Wenn Du gedacht hast, wir wären noch bei 2.0, dann würde sich das Problem von selbst erklären. Die Zeit des Fortschritts rast dermaßen schnell, dass wir rennen müssen, um mit ihr mitzuhalten - oh, wait! That's "Jurassic Park" and about thirty years old! ;-)
In Wirklichkeit ist heutzutage sogar Lichtgeschwindigkeit zu langsam, um noch halbwegs Schritt halten zu können. Du kaufst heute etwas und es ist gestern schon alt. Klingt absurd? Ist es auch und trotzdem Realität.
Wir leben in einer Welt, in der wir mithilfe der Quanten-Mechanik nachweisen können, dass es winzig kleine Teilchen gibt, die zeitgleich an zwei verschiedenen Orten sein können!

Wir Menschen sind weiterhin so langsam und träge, dass wir nicht einmal zwei Dates gleichzeitig absolvieren können. Jedenfalls nicht in Real life! Im Internet hingegen kannst Du mit unendlich vielen Personen gleichzeitig in Kontakt treten und es liegt dann eher an Deiner Tippgeschwindigkeit und Deiner Routine, die Autokorrektur zu benutzen, wie weit Du damit kommst.

Dann reiß ich an dieser Stelle noch kurz das Thema Ernährung an und dann geht es wieder ins Eingemachte. Dates gibt es in verschiedenen **Vertiefungsstufen:**

→ **Das Kaffee-Date:** Meist in der Öffentlichkeit, das erste Beschnuppern, halbwegs unverbindlich - beide Seiten können jederzeit flüchten, wenn es nicht passen sollte.

→ **Das Mittag-Essen:** Lunch kann in der Mittagspause wahrgenommen werden, ist dann automatisch gleich zeitlich limitiert, kann aber sehr schön sein und auch später in einer Beziehung gerne mal zur Abwechslung genutzt werden.

→ **Das Dinner:** Hier ist richtiges Interesse vorhanden, schickes Anziehen wird vorausgesetzt, sprühende Konversation erwartet - Option aufs Küssen möglich!

→ **Das Abenteuer:** Hier ist noch unklar, in welche Richtung das Ganze tendiert; es ist ein Test, ob das Gegenüber mit unseren Hobbys klar kommt, wie aufgeschlossen er/sie/es ist - kann auch schnell für übelstes Friendzoning sorgen - also Vorsicht!

→ **Das Nicht-Date:** Das zufällige Treffen in der Stammkneipe, Klamotten willkürlich gewählt - es ist herrlich ungezwungen, die Gespräche sind flirty aber locker leicht - und wenn Alkohol im Spiel, kann sogar Sex dabei herausspringen!

→ **Das Kennenlernen der Eltern:** Mag fraglich sein, ob dies wirklich noch Date genannt werden kann - der Bedeutungs-Grad ist sehr hoch, genau wie die Anspannung und kann für reichlich Konfliktpotential sorgen.

→ **Das ultimative Date:** Ich sag nur "Plain Jane" - in diesem Reality-TV-Format wurde dem Kandidat_en geholfen (der auch wirklich im ganzen Spektrum vertreten war), sich seelisch darauf vorzubereiten, dem jeweiligen Crush beim ultimativen Date zu treffen - dafür wurden diese sogar in verschiedene Länder geflogen - dieses Date kann auch zu einem spontanen Heiratsantrag führen. ;-)

Aber noch haben wir kein Date! Wir müssen noch ein paar Schritte durchgehen, um den potentiellen Partner tatsächlich auf eines dieser interessanten Varianten einzuladen.

Schauen wir uns dafür erst einmal Dein Leben an...

3.1 Wo stehst Du in Deinem Leben?

Eine häufige Frage, die bereits beim ersten Date zum Tragen kommt: Wie sieht Dein Leben aus? Was machst Du beruflich? Was hast Du für Hobbys? Wie wohnst du?

Nicht für jeden ist das leicht zu beantworten, denn die Angst vor weiteren Fragen schnürt uns die Kehle zu. Ich fürchte, es gibt nur wenige Menschen, die wirklich mit ihrem Leben zufrieden sind.

Die Wohnung ist zu klein, im falschen Stadtteil - wenn sie nicht gar in einem Dorf ist, wo jeder jeden kennt. Der Weg zur Arbeit ist zu lang und/oder zu umständlich. Sofern wir denn überhaupt einen Job haben - ob der uns gefällt, steht dann noch wieder auf einem anderen Blatt.

Aber eins nach dem anderen:

1. Die Frage nach der Arbeit

Ich weiß nicht, wie es Dir dabei geht, aber ich persönlich stelle diese Frage nicht am Anfang, sondern erst später. Trotzdem erwische ich mich dabei, im Gespräch schon unbewusst zu raten, welchen Job mein Gegenüber wohl haben könnte.

Das ist natürlich in Anbetracht eines möglichen Falschliegens fatal, weil die Irritation und die Enttäuschung direkten Einfluss auf das Date nehmen kann.

Du denkst, Du hast einen kreativen Mediengestalter vor Dir und dann stellt sich heraus, dass er Bestatter ist. Oder Du suchst nach einem starken Handwerker und hast auf einmal einen Steuerberater vor Dir.

Unser Gehirn arbeitet nun einmal zu gerne mit Bildern und wenn die Realität diese zerstört, sind wir geknickt und fühlen uns in unserer Menschenkenntnis gedemütigt.

Oder liegt es in Wirklichkeit daran, dass unsere Erwartungen nicht erfüllt werden? Zu den gängigen Jobs gibt es nicht nur ein festgefahrenes Image, sondern sie erzeugen in uns auch einen ersten Eindruck der Stärken und Schwächen eines Menschen.

Je nachdem, wonach wir uns gerade sehnen, benötigen wir einen anderen Schlag Mensch. Wenn Du selbst das Gefühl hast, Dein Leben sei festgefahren und bräuchte eine kleine Veränderung - dann ist ein kreativer Kopf, der Dir neue Wege aufzeigen kann und Dich dabei motiviert und unterstützt, natürlich viel attraktiver als ein Korinthenkacker, der auf neue Einflüsse allergisch reagiert und nach dem Prinzip lebt: "Habe ich schon 50 Jahre lang so gemacht, dann mach ich das auch weiter so!" Letzterer wird Deine aufkeimende Energie mit der nächsten Heizdecke ersticken und den Tee weiter aus dem Teeservice der Urururgroßmutter trinken.

Vielleicht bist Du mit Deinem Job auch alles andere als zufrieden und allein beim Gedanken an die Frage, was Du beruflich machst, bekommst du schwitzende Hände. Ich kann verstehen, dass Du glaubst, es wäre nicht sonderlich beeindruckend, im Einzelhandel an der Kasse zu sitzen.
Dafür hast Du aber unterhaltsame Anekdoten am Start und bekommst, wenn Du gut bist, in so ziemlich jeder Gegend einen Job wieder - was für Deine Flexibilität spricht. Du bist Stress-resistent und arbeitest gerne mit Menschen zusammen. Da spricht doch gar nichts dagegen!
Du musst kein Superstar sein, um Dein Gegenüber zu überzeugen. Es sei denn, Du willst einen Superstar daten! Dann mag das von Vorteil sein, ansonsten denke immer daran, dass Du Dich mit einem Menschen triffst. Dieser wird nicht perfekt sein und erwartet das auch nicht von Dir!

2. Die Frage nach den Hobbys

In diesem Punkt jemanden zu beeindrucken, ist heutzutage nicht mehr so einfach. Auch das liegt an der medialen Präsenz der Extreme. Wir bekommen von außen das Gefühl, es würde nicht reichen, Orchideen zu züchten, Vögel zu fotografieren, eigene Kleidung zu designen.

Selbst so etwas wie Geo-Caching ist schon fast zu langweilig und kann mit Free-Climbing, Eisfischen und Para-Gliding kaum mithalten. Das Höher-Schneller-Weiter-Prinzip ist mittlerweile auch bei den Hobbys angekommen und es wirkt auf mich schon fast ermüdend, welch übertriebene Vielfalt erwartet wird.

Wer sich nicht mindestens einmal pro Quartal tätowieren lässt, gilt als langweilig. Briefmarken sammelt schon lange keiner mehr, weil er/sie/es die Zeit mit Power-Walking verbringt, von Hochhäusern springt und mal eben auf einer Modenschau auf der Mailänder Fashionweek mitläuft.

Keine Angst! Das ist nicht real, sondern das, was wir bei Instagram um die Ohren gehauen bekommen. Wir haben ja längst nicht mehr die Wahl zu entscheiden, worauf wir Lust haben, sondern sollen uns dem unterwerfen, was uns diese mit Filtern auf Hochglanz polierten Fotos zeigen.

Wenn Du also doch der Meinung sein solltest, dass Du Dein Gegenüber beeindrucken willst, dann suche Dir Hobbys weit weg vom Mainstream. Etwas individuell Besonderes, was sonst keiner macht.

→ Bastle Elfentüren und verteile sie im Wald, um Kinderherzen zu erfreuen.

→ Suche Dir ein tolles Buch aus und frage das hiesige Hospiz, ob Du den Patienten vorlesen darfst.

→ Biete in einem Mehrgenerationenhaus einen Malkurs für Menschen mit Behinderungen an.

Ein selbstloses Hobby ist wesentlich beeindruckender als eines, dass Dir nur coole Fotos bringt. Sei authentisch, bleib Dir selbst treu und zeige, dass Du für andere eine Bereicherung bist. So sammelst du Pluspunkte, die Du mit bestem Gewissen vertreten kannst.

3. Die Frage nach dem Wohnbereich

Als ich mal eine Woche Urlaub in Hamburg verbracht habe, lernte ich einen jungen Mann kennen. Wir unterhielten uns über alles Mögliche - es wäre ein super erstes Date gewesen, wenn sein Partner nicht zwischendurch angerufen hätte. Aber darum geht's nicht. Er erzählte, warum die Leute in den großen Städten dazu neigen, viel zu viel zu arbeiten: Damit sie sich hammergeile Wohnungen in der Innenstadt leisten können. Denn in solchen Cities zählt nicht, wer du bist, sondern nur wie du wohnst!

Ist das nicht schrecklich? Mich hat das sehr traurig gemacht. Ich hoffe für Dich, dass Du Dich nicht gezwungen fühlst, diesem Wahn nach dem nächstbesten Status Symbol nachzugeben.

Es kann doch nicht sein, dass wir einen Burn-out riskieren, um in der Zeitschrift "Schöner Wohnen" zu landen. Allein bei diesem neumodischen Begriff "hygge" verdrehe ich die Augen und kotze im Strahl. Zwar kann ich die Philosophie dahinter durchaus unterstützen und wenn jemand wirklich danach lebt, finde ich das super.

Daraus einen Hype zu machen, mag ich aber nicht. Lebe aus Überzeugung so oder lass es sein! Als Trendphase find ich es einfach daneben.

Dann fällt mir wieder "50 shades of Grey" ein. Dieses riesige Luxus-Apartment, in dem er Anastacia Stelle alles "Wichtige" beibringt. Alles nur Blendwerk.

Du kannst auch einen Bauernhof auf dem Land haben und kannst Dich dort komplett selbst versorgen - fände ich wesentlich cooler!

Ob nun die Penthouse-Suite im obersten Stockwerk eines Wolkenkratzers oder in der Mitte eines Plattenbaus oder eine Doppelhaushälfte. Solange Du Dich wohlfühlst, ist die Umgebung völlig zweitrangig.

Und wenn Dein Dating-Partner Dich wirklich interessant findet, muss Deine Wohnung auch nicht immer so aussehen, als würde sie aus IKEA-Ausstellungsräumen bestehen. Es darf erkennbar sein, dass Du tatsächlich dort lebst. ;-)

Noch einmal zum Mitschreiben:

Du brauchst Dich nicht verstellen. Bleibe authentisch und überzeuge mit Deiner ganz eigenen Art und Weise.

Es ergibt keinen Sinn, ein übertrieben tolles Image aufzubauen, wenn Du gar nicht dahinter stehst. Und für einen Haufen Attribute Deine Gesundheit aufs Spiel zu setzen, ergibt schon gar keinen Sinn.

Zufriedenheit, ein Hauch Zuversicht und eine Prise Hoffnung scheinen mir vielversprechender zu sein. ;-)

3.2. Deine Dating-Situation der letzten sechs Monate

Die Isolationszeit während der Corona-Krise lasse ich jetzt mal außen vor, weil sie zu außergewöhnlich ist, um sie an dieser Stelle analytisch zu betrachten.

Während ich das vorige Kapitel völlig unabhängig vom Umbrella-Spektrum behandelt habe, weil die Thematik für alle Menschen gleichwertig war, müssen wir bei der Dating-Situation nun wieder ein wenig differenzieren.

In der Theorie haben es die Cis-Hetero-Menschen im binären System am leichtesten, einen möglichen Dating-Partner zu finden. Das liegt hauptsächlich daran, dass sie nur zwischen Mann und Frau unterscheiden müssen. Gefällt oder gefällt nicht und dann fehlt nur noch der Mut, nach dem Date zu fragen.

Die Homo-Welt hat es da schon schwerer. Sie können es zwar auf dieselbe Art probieren, müssen sich aber darüber im Klaren sein, dass beim Ansprechen eines interessanten Individuums die Trefferquote bei 1:10 liegt. Kann also durchaus für peinliche Momente auf beiden Seiten sorgen.

Diese spezielle Community ist aber über die Jahrzehnte sehr organisiert geworden. Es gibt Treffpunkte, Partys, ja ganze Lokalitäten für Schwule und Lesben, in denen gezielter nach einem Dating-Partner gesucht werden kann. Gleiches gilt für die Online-Welt, die mit gesonderten Portalen dafür sorgt, dass Mann und Mann und Frau und Frau sich finden können.

Einer dieser Portale ist www.planetromeo.com. Hier kannst Du die sprichwörtliche Nadel im Heuhaufen suchen, sofern Du schwul, bi und/oder trans bist.

Was hier aber eben immer noch nicht im Profil zu tragen kommt: das restliche Umbrella-Spektrum. Und bei meiner Recherche zu diesem Kapitel musste ich bestürzt feststellen, dass es bei den einschlägigen Dating-Apps wie Lavoo, Tinder, LoveScout24, nicht einmal bei Parship berücksichtigt wird! "Alle 11 Minuten verliebt sich ein Single" - damit werben sie und das sehr massiv. Leider erwähnen sie nicht, dass diese Singles ausschließlich aus dem binären System kommen. Den anderen bleibt der Zutritt verwehrt.

Im Selbstversuch habe ich nach einem Portal gesucht, das meinen Ansprüchen, "eine App für alle" zu sein, genügen würde. Tatsächlich habe ich trotz der reichhaltigen Auswahl an Apps nur eine einzige gefunden, mit der ich leben konnte und die das Potential besitzt, wirklich für alle sein zu können: **"OkCupid"** bietet bereits beim Erstellen des kostenlosen Profils eine fast schon erschlagend wirkende Auswahl an Gender identities, sexueller Orientierung und das Schöne daran: Du kannst eine ganze Kombination auswählen, weil es eben durchaus zu Überschneidungen kommen kann.

Ohne das nicht mehr kostenlose Premium-Paket sind Deine Swipes nach links oder rechts pro Tag mengenmäßig begrenzt - ich persönlich finde das total klasse! Das bringt Dich gar nicht erst in Versuchung, maßlos zu werden und Deine Zeit nur damit zu vergeuden, Menschen zu bewerten.
Durch die sehr detaillierten Eingaben beim Profil vergleicht OkCupid Deine Angaben mit denen der anderen und gibt Dir nicht nur im Vorfeld bekannt, wie stark ihr konform geht, sondern nur mit den Matches, die Dich auch gut finden,

kannst Du einen Chat anfangen.

Das erspart Dir jede Menge Ärger und Zeitverlust, weil Du im Vorfeld schon weißt, dass Dein potentieller Date-Partner Dich gut findet. Dann fehlt nur noch die Feinjustierung, ob es wirklich Sinn macht, sich zu treffen. Aber die Grundbasis ist automatisch schon mal gegeben, anders als bei Tinder, wo beim Swipen nur der optische Aspekt angesprochen wird.

Um sinnvoll und produktiv in die DatingWorld einzusteigen, solltest Du Dir bewusst machen, wie hoch Dein Frustlevel ist. Wie lange ist Dein letztes Date her? Lief es gut oder komplett in die falsche Richtung? Bekommst Du jede Menge Anfragen - von den falschen Typen? Oder fehlt Dir mittlerweile bereits der Glaube an das Prinzip Dating?

Ich versuche an dieser Stelle, Dir eine Art Richter-Skala des Frustes aufzuzeigen, in dem ich mit Hauptrollen von bekannten oder auch nicht bekannten Filmen arbeite.

1. Alice Kepley aus "How 2 B Single"

Sie ist mit ihrem Partner seit der Schulzeit liiert und er war ihr Erster. Nun will sie endlich wissen, was es da draußen noch so gibt. Möchte andere Typen testen, es noch einmal wissen, bevor ihr Schiff in den festen Hafen einfahren darf.

2. Bridget Jones aus "Bridget Jones 1 - 3"

Sie ist eine Frau mit Fehlern, die sie selbst dauerhaft ins Zentrum stellt, ohne zu bemerken, wie toll sie eigentlich ist. Immer auf der Suche nach dem nächsten falschen Typen merkt sie gar nicht, wie the perfect match längst zur Verfügung steht.

3. Alex Hitchens aus "Hitch - der Date Doktor"

Er hilft den Leuten, das Beste aus deren Persönlichkeit heraus zu holen, um die auserwählte Person zu erobern. Dabei schmeißt er mit Unmengen von tollen Tipps um sich und macht die Menschen glücklich - ohne zu verstehen, wie allein er sich selbst fühlt - bis jemand daher kommt, der ihm den Teppich wegzieht.

4. Katarina Stratford aus "10 things I hate about you"

Sie war zu Beginn der High School eine beliebte Schülerin,

Cheerleaderin und hatte den süßesten Jungen als Boyfriend. Dann lässt sie sich zu früh auf Sex ein, kommt damit nicht klar und daraufhin lässt er sie fallen wie eine heiße Kartoffel. Darauf wird sie hart und bitter, lässt niemanden mehr an sich heran - bis jemand sie um ein Date bittet, der noch viel härter und verbitterter ist.

5. Jane Burns aus "Super süß und super sexy"
Sie wohnt seit einem Jahr mit ihrem Partner zusammen, als dieser unerwartet mit ihr Schluss macht, mit dem Spruch auf den Lippen: "I felt dead inside since you brought your shoes in." Und obwohl sie absolut nicht will, schleppen ihre zwei Freundinnen sie in einen Club, um Abwechslung zu suchen - und wow! Was das für eine Abwechslung wird! ;-)

6. George Falconer aus "A Single Man"
Die Trauer seines bei einem Autounfall verstorbenen Partners treibt ihn dazu, am Jahrestag einen Suizid versuchen zu wollen. Doch noch am gleichen Tag lernt er einen viel jüngeren Mann kennen, der ihm Avancen macht und seinen Plan arg ins Wanken bringt.

7. Carrie Bradshaw aus "Sex and the City"

Eine aufstrebende Kolumnistin in New York, die für ihren Glamour-Faktor bekannt ist, hat tolle Freundinnen, jede Menge Dating-Partner und braucht trotzdem sechs Staffeln einer Serie und zwei Filme in Überlänge, um dort mit einem Partner anzukommen, wo sie schon immer hin wollte.

8. Inken aus "Mädchen Mädchen"

Ihr Freund ist ein absoluter Loser und ihre beste Freundinnen sagen ihr das auch ständig, aber sie will es nicht wahrhaben. Bis er bei einer Party den Bogen überspannt und sie anstatt bei ihm am nächsten Tag einen Orgasmus durch ihren Fahrradsattel bekommt. Also muss ein neuer Typ her, der ähnliche Effekte erzielt, aber das ist gar nicht so einfach.

9. Kathryn Merteuil aus "Eiskalte Engel"

Als Kind der Upper East Side ist diese New Yorkerin mehr als nur gelangweilt. Ihr Koks versteckt sie in einem Jesus-Kreuz, welches sie um den Hals trägt und die Menschen in ihrem Umfeld benutzt sie als Spielbälle ihres eigenen Amüsements. Einzige Herausforderung: den attraktiven Stiefbruder so weit zu manipulieren, bis beide ihre Seele vergessen haben. Purer Zynismus in Reinkultur.

10. Michelle Rubin aus "How to lose a guy in 10 days"

Die beste Freundin der Hauptdarstellerin arbeitet mit ihr bei einer Frauenzeitschrift, ihre Stimmung schwankt sekündlich zwischen bipolarer Störung und Hysterie. Trotz dieser Labilität sucht sie den Mann fürs Leben, jagt diesen aber mit ihren Marotten sofort in die Flucht - bis die beste Freundin anfängt, genau dieses Verhalten für eine Wette zu kopieren.

11. Scott Thomas aus "Eurotrip"

Die High School Abschlussfeier wird zum Desaster: seine Freundin macht mit ihm Schluss und der Sänger einer Rockband, mit dem sie ihn die ganze Zeit betrogen hat, singt vor der ganzen Schule einen demütigenden Song über ihn, der als Radio- und Clubhit viral geht. Stinkbesoffen schickt er seinem liebsten Brieffreund eine bitterböse Email, worauf der Kontakt abbricht. Doch wieder nüchtern stellt er fest, dass genau dieser sein Seelenverwandter ist und schon geht's ab in ein wildes Abenteuer.

12. Helen Sharp aus "Der Tod steht ihr gut"

Eine alte Schulfreundin, die ihr in jungen Jahren schon mehrere Männer ausgespannt hat, macht es wieder - und heiratet Helens große Liebe. Zuerst futtert sie sich ihren Frust hinein und wird richtig fett, ein Dutzend Katzen springen in der Wohnung herum und sie sieht sich nonstop ein Video an, in dem ihre damalige Freundin als mittlerweile Schauspielerin von einem Mörder umgebracht wird. Dann macht sie eine Therapie, schreibt ein Buch darüber und nimmt rapide ab. Mit neuem Selbstbewusstsein arbeitet sie daran, sich ihren Mann zurückzuerobern.

Diese bunte Mischung an Persönlichkeiten konnte Dir womöglich helfen, Deine aktuelle Position in der DatingWorld zu finden. Vielleicht stehst Du auch an einem ganz anderen Punkt, aber das werden wir im nächsten Kapitel weiter ergründen.

Wichtig zu wissen: Du steckst nicht alleine in der Misere, sondern viele andere auch – und ich denke, dass diese Erkenntnis dafür sorgt, Dir selbst weniger Druck zu machen. Mehr als schief gehen kann das alles nicht. ;-)

Aber schauen wir mal, wieso Du noch am Anfang Deines eigenen Blockbusters stehst...

3.3. Wieso Du feststecken könntest

Sich auf die DatingWorld wieder einzulassen, ist ein mutiger Schritt, dessen Auswirkungen nicht annähernd absehbar sind. Viele von uns sind traumatisiert und haben dadurch eine innere Abwehrhaltung aufgebaut, die sich nur schwerlich wieder abbauen lässt.

Wer fängst schon gerne wieder bei Null an? Das ist schon bei Videospielen so herrlich demotivierend. Und dann noch die Frage, wie Du überhaupt anfangen sollst.
Da gibt es natürlich unzählige Möglichkeiten, die Du neu für Dich entdecken solltest. Falls Du gerade aus einer beendeten Beziehung kommst, haben sich mit Sicherheit einige Apps etabliert, von denen Du noch nie gehört hast.

Vielleicht sträubst Du Dich auch gegen ein neues Kennenlernen, weil Dein Unterbewusstsein Dir einredet, dass der nächste Mensch bestimmt die gleichen Macken hat, wie der/die Vorgänger_in.
Aber sich deswegen ins Schneckenhaus zu verkriechen, kann nur ein temporärer Weg sein und birgt viele Gefahren: sich darin zu gemütlich einzurichten zum Beispiel.

Vielleicht hast Du sogar Schlimmeres erlebt, als nur "ein paar Macken" des Partners. In dem Fall hast Du verschiedene Möglichkeiten, die Du in Betracht ziehen kannst. Von einer Therapie über Selbsthilfegruppen bis hin zum Selbstverteigungskurs. Nutze alles, was Dir helfen kann.

Vielleicht bist Du ein Nerd, der noch nie ein Date gehabt hat. Auch das ist völlig okay. Dir fehlen dann die Erfahrungswerte und die nötigen Soft skills. Und dieses Wissen bereitet Dir mehr als nur Unbehagen. Wie ein Reh im Scheinwerferlicht hast Du keinen Plan, what 2 do.
Darüber könnte ich wohl ein zusätzliches Buch schreiben. ;-)
Aber hier ist es wieder Zeit für mein Lieblings-Mantra: "Learning by doing!"

Vielleicht bist Du auch einfach ein "Flachwichser-Magnet". Sobald Du in den Dating-Los-Eimer greifst, hast Du zielsicher alle Nieten herausgezogen. Deine Dates sind allesamt eine Anekdote wert und Du wirst die Typen für immer in Erinnerung behalten - als Arschloch! Auch das ist leider keine Seltenheit und benötigt ein Umdenken deinerseits. Ändere Deine Vibrations und dann ziehst Du auch andere Menschen-Typen an.

Du siehst, dass die Gründe, warum Du in Deiner Situation feststecken könntest, sehr vielseitig und mehrdimensional sind.

Wo der eine Mensch eine Niederlage schnell verarbeitet hat und wieder aufsteht, braucht der andere eben so viel länger. Wir sind alle unterschiedlich und verarbeiten unser Erlebtes auch in dem jeweiligen Tempo.

Es wird jetzt aber langsam Zeit, nach vorne zu blicken und eine Perspektive für die Zukunft zu finden. Denn dort warten einige spannende Sachen auf Dich. ;-)

4. Die ersten Schritte in die Zukunft

Endlich geht's los! Schluss mit der Herum-Jammerei - wir stürzen uns jetzt gemeinsam ins Abenteuer. DatingWorld - here we come!

Bevor wir jetzt aber richtig ausrasten, sollten wir unsere Vorbereitungen erledigen. Ich sehe Dein Stirnrunzeln vor mir - ja, im Vorfeld solltest Du Dir über ein paar wichtige Sachen klar werden.

Sich ohne einen vernünftigen Plan in die Chaoswelt Dating zu stürzen, wäre reinstes Harakiri! Nein, so einfach ist es dann doch nicht, wenn Du Erfolge sehen willst.

Sei Dir einer Sache immer bewusst:

Es geht um Dein Leben im Hier und Jetzt! Nicht um das Vorige und nicht ums Nächste. Und dieses Leben ist endlich, sprich: die Zeit läuft gegen Dich.

Aber das ist kein Grund zur Panik - im Gegenteil sollte es Dich dazu motivieren, das Beste und Effektivste aus dieser Situation herauszuholen.

Betrachte es einfach wie die Deadline einer Produkt-Präsentation. Je effektiver Du Deine Zeit im Vorfeld einteilst, um so besser kann dein Endergebnis werden!

Eine gute Recherche im Vorfeld vertieft dein Fachwissen, sodass Du bei jedem Vortrag glänzen kannst – ganz egal, wie die Fragen ausfallen. Denn auch bei einem Date kannst Du unmöglich im Vorfeld ahnen, welche Antworten von Dir erwartet werden.

Von daher klären wir im ersten Schritt, welche Ansprüche Du an Deine nächsten Datingpartner stellst...

4.1. Welche Ansprüche hast Du an Deinen Partner?

Es ist ein sensibles Thema, denn je mehr Ansprüche Du hast, desto weniger Menschen kommen infrage. Setzt Du diese aber zu niedrig an, wirst Du sehr wahrscheinlich nicht das bekommen, was Du suchst.

Ich kenne Menschen, die gehen nahtlos von einer Beziehung zur nächsten über. Manchmal sogar mit Überschneidungen. In dem Fall hat es nichts mit Ansprüchen zu tun, sondern allein mit der Angst, allein zu sein.
Ich kenne Menschen, die sich in der DatingWorld verlieren und übers dritte Date nie hinaus kommen. Auch das hat nichts mit hohem Anspruch zu tun, sondern mit Bindungsphobie.

Was Du von Deinem Partner erwartest, sollte realistisch sein. Es bewahrt Dich vor allzu großen Enttäuschungen und sorgt dafür, dass Du Dich nicht bereits nach zwei Wochen in der Beziehung langweilst.
Das Dating ist dafür gut, Deine Liste der Erwartungen abzuhaken, daher hier mal ein paar Beispiele, welche Ansprüche Du gelten machen kannst - diese sind übrigens neutral gehalten und für alle gültig:

-> auf dem Teppich geblieben (kann auch ein Roter sein)

-> verdient eigenes Geld

-> hat (mindestens) eine Persönlichkeit

-> ist zukunftsorientiert (lebt nicht nur in der Vergangenheit)

-> hat Ziele im Leben

-> besitzt eigene Standards

-> Moral und Ethik gehören zum Alltag dazu

-> kennt das "Carpe diem"-Prinzip

-> hat nicht verlernt zu lachen

-> kann auch überraschen

-> in der Lage, besondere Momente zu erschaffen

-> unserer Umwelt wohlgesonnen

-> Lust am Lernen von neuen Dingen

-> hält Probleme für Herausforderungen

-> hat noch Träume

-> kommuniziert gerne

-> kennt das "Lemonade"-Prinzip

-> freut sich mit Dir über die kleinen Dinge

-> kann gerne übernatürlich sein

-> schläft gerne

-> steht auch gerne auf

-> möchte einen Eindruck auf der Erde hinterlassen

Vielleicht gehst Du nicht mit allen Punkten konform und/oder Dir fallen noch tausend weitere Sachen ein, die auf diese Liste passen.

Ich denke aber, dass es einen guten Querschnitt darstellt, was im Bereich des Möglichen liegt, sowohl für Dich selbst als auch für Deinen möglichen Dating-Partner.

Es könnte sogar eine interessante Aktion sein, diese Liste direkt mit Deinem Gegenüber durchzugehen. Vielleicht lernst Du ganz neue Seiten an Deinem möglichen Partner kennen - ansonsten birgt es ganz viel neues Gesprächspotential, denn wie häufig reden wir mit Menschen über alles Mögliche und vergessen das Wesentliche!

Und dann sitzen wir zu Hause und ärgern uns darüber, wieder Zeit verschwendet zu haben. Das muss nicht sein. Dir sollte im Vorfeld klar sein, welche Themen wichtig sind und welche nicht. Denn es lohnt sich nicht, viel Raum für jemanden zu spenden, der am Ende Deine Bedingungen gar nicht erfüllen kann.

Aber schaffen wir zuerst mal übertriebene Ideale ab...

4.2. Sag Goodbye zu Mr. Right!

Allein dieser Begriff ist für die meisten auf dem Umbrella-Spektrum aus vielen Gründen ein Dorn im Auge. Und das zu Recht!

Zwar konnte ich in meiner Recherche nicht zielsicher herausfinden, wer zuerst diese personalisierte Form des Ideals so formulierte, doch zu unser aller Entsetzen pflanzte er sich hartnäckig in unsere Köpfe.

Da fällt mir doch direkt der Hollywood-Blockbuster "Mr. & Mrs. Smith" ein, mit Brad Pitt und Angelina Jolie. Wenn das nicht nach binärem System schreit, dann weiß ich es auch nicht. Und jede Menge Klischees und überzogene Beziehungsbilder machen es nicht besser. Einziger Lichtblick: die beiden Hauptdarsteller wissen es besser, weil sie Eltern eines Trans-Menschen sind. Mittlerweile besetzen beide sehr diffizilere Rollen als in dieser Action-Komödie.

Disney's "Cinderella" hat auch ganz viel kaputt gemacht! Zeigst Du Kinder in einem bestimmten Alter diesen Film, löst er einen psychosomatischen Komplex aus, den nicht einmal Sigmund Freund weg therapieren könnte.

Nur ein anderer Zeichentrickfilm kann dagegen halten und sollte dringend, meiner Meinung nach, direkt im Anschluss geschaut werden: "Shrek 2"! Im Gegensatz zu der dumm naiven Cinderella lässt sich Fiona nicht von diesem ganzen Blendwerk von Mutter-Söhnchen beeindrucken und entscheidet sich bewusst gegen ihre Schönheit, um bei dem Partner zu bleiben, der sie wegen ihrer inneren Werte liebt.

Ein weiterer Irrglaube, der mich tierisch aufregt: "Mit Mr. Right wird endlich alles richtig gut laufen."

Dein Ernst? Läuft die Beziehung dann von selbst? Alles wird dermaßen gut, dass es niemals Streit geben wird? Die Ehe „Pitt/Jolie" gibt es schon lange nicht mehr. ;-)

Hier mal ein paar Anti-Thesen der gängigen Hoffnungen:

1. "Ich will auf Händen getragen werden."
Echo: "Und wenn Du mal selber laufen sollst? Geht dann nicht, oder was?"

2. "Jeder Wunsch wird mir von den Lippen abgelesen."
Echo: "Das kann auch schnell nach hinten losgehen. Nicht jeden Wunsch willst Du wirklich in die Tat umsetzen!

3. "Immer für mich da."
Echo: "Hat also kein eigenes Leben und nistet sich komplett in Deinem ein. Dann gibt es keine Auszeiten mehr für Dich."

4. "Kommt super mit meiner Family aus."
Echo: "Das wird dann auch von Dir erwartet, ist aber nicht immer gegeben. Und dann bist Du der/die/das Böse."

5. "Wenn auch noch kein Baby, dann legen wir uns ein gemeinsames Haustier zu."
Echo: "Zwei Wochen später macht einer von euch Schluss und Du sitzt mit Hund/Katze/Leguan da und hast nicht nur Verantwortung, sondern eine tagtägliche Erinnerung an Deinen Ex zu Hause."

Diese Reihe ließe sich womöglich unendlich lang weiter spinnen, aber ich begnüge mich mit diesen fünf, um meinen Standpunkt zu untermauern.

Laut https://de.statista.com betrug die Scheidungsquote in Deutschland im Jahre 2018 rund 32,94 %. Damit kommt auf eine Eheschließung 0,3 Scheidungen. Es ist also durchaus nicht mehr so, dass jede zweite Ehe geschieden wird, die Chancen zur Zeit stehen eher bei 3:1. (Annullierungen sind meines Wissens in dieser Statistik nicht inbegriffen.)

Ich bin kein Freund von der Ehe als Institution und möchte daher auch nur ungern dazu raten. Versteht mich nicht falsch: Weddings finde ich super und organisiere die auch gerne. Ich mag nur immer zu bedenken geben, dass es für eine gesunde

Beziehung nicht zwingend nötig ist, den "heiligen Bund der Ehe" einzugehen.

Denn zu vielen Leuten ist dieses Gelöbnis vor einer höheren Macht nicht sonderlich heilig. Da wird betrogen, belogen und hintergangen, was das Zeug hält.

Verliere Deine Träume nicht aus den Augen - aber nimm Dir die Zeit, sie immer wieder leicht der Realität anzupassen. Es ist nicht alles Dolce & Gabbana, wo "DG" draufsteht - if you know what I mean. ;-)

Schauen wir uns doch lieber gemeinsam an, welche reale Möglichkeiten denn überhaupt vorhanden sind und wie wir damit arbeiten können...

4.3. Suchen wir nach Mr.Right now!

Wir haben bereits gemeinsam festgestellt, dass es nichts bringt, einem utopischen Ideal hinterher zu rennen. Am Ende holt uns die Realität sowieso ein und wenn die Enttäuschung erst da ist, droht das schwarze Dating-Loch, uns einzufangen. Dieses raubt uns jegliche Energie, Motivation und den womöglichen Glauben an ein Happy end.

Um das zu vermeiden, schrauben wir einfach mal einen Gang herunter. Prince Charming verbannen wir aus dem Kopf: der kann auch gerne weiterhin bei seiner Mutter, der Fairy Godmother wohnen bleiben.
Auch die Stimme mit dem Sprung in der Vinyl a la "Partner fürs Leben" wird kurzerhand auf Mute gestellt. Alles, was unseren Blick aufs Hier und Jetzt trübt, wird verbannt und stattdessen aktivieren wir die positive Einstellung in uns selbst.

Die Suche nach dem Glück beginnt mit unserer veränderten Einstellung. Der erste Schritt sollte sein, Deine eigenen Erwartungen an Dich selbst höher zu schrauben. Wenn Du an Dich glaubst und dieses Vertrauen auch nach außen strahlen lässt, wird das auch Deine Umgebung merken. Deine innere Haltung ändert sich dauerhaft und wird stärker werden. Dein Umfeld wird Dich anders wahrnehmen und damit wirst Du ganz andere Menschen ansprechen. Und wer weiß schon, ob nicht bereits der potentielle Partner dabei sein könnte?

Beim Dating dürfen wir einen Punkt auf gar keinen Fall vergessen: **es sollte auch Spaß machen!**

Das ist nicht nur Arbeit - davon haben wir im Alltag schon genug! Wer will schon in Ernsthaftigkeit ertrinken? Das Leben ist schon schwer genug; diese erdrückende Dichte mit in die DatingWorld zu tragen kann nicht der richtige Weg sein. Auch gerade im nicht-binären System solltest Du nicht verzagen, sondern lieber mal etwas wagen.
Ja, natürlich, es kann jederzeit nach hinten losgehen! Das will ich keinesfalls schön reden. Wir können den Menschen nur vor die Stirn schauen - nicht dahinter. Dementsprechend wissen wir nicht, was sich dahinter verbirgt und ob uns diese Sachen gut tun werden oder nicht.
Aber wenn Du gar nicht erst loslegst, kannst Du nur verpasste

Chancen in Dein Bullet Journal eintragen und das ist doch kacke, oder?

Wie bereits in Kapitel 3.2. erwähnt, komme ich hier wieder auf den Film "Super süß und super sexy" zu sprechen. Besagte Jane (Selma Blair) bekommt nach dem Absserviert werden direkte Hilfe von ihren besten Freundinnen Courtney (Christina Applegate) und Christina (Cameron Diaz). Letztere sagt ihr, auf dem Sofa sitzend, ein paar sehr weise Worte, die ich an dieser Stelle sehr gerne zitieren möchte:

"Such nicht nach Mr. Right. Lieber nach Mr. Right now - und nach einer Zeit - und wenn er/sie/es es wert ist, verschwindet das now von ganz alleine. Und bis dahin solltest Du jede Menge Spaß haben und das Leben genießen!"

5. Das digitale Dating-Paradoxon

Obwohl wir heutzutage immer mehr Möglichkeiten haben, neue Leute kennenzulernen, fällt uns genau das immer schwerer.

Wir können uns Dating-Partner auf der ganzen Welt suchen, ein paar davon während Geschäftsreisen in den Terminplan dazwischen quetschen, sich für den gemeinsamen Walk des Jakobsweges verabreden oder von der Couch aus per Videokonferenz ein privates Speed-Dating veranstalten.

Doch die große Auswahl macht uns wählerisch. Die geringe Nachfrage mit dem reichhaltigen Angebot überfordert uns, lässt uns zögern, paralysiert uns geradezu. Ich ziehe einen Vergleich zu einer der ersten "Sex and the City"-Folgen:

"Warum die Frau in dem Rock vögeln, wenn ich das Model aus der Werbung für den Rock haben könnte?"

Dank Instagram zum Beispiel haben wir tatsächlich das Gefühl, den Stars und Sternchen viel näher zu sein, als die Realität zulässt. Dabei sorgen unsere technischen Hilfsmittel dafür, dass wir die tollen Menschen in unserem direkten Umfeld gar nicht mehr wahrnehmen.

5.1. Der nutzlose Zeitfresser „Online-Dating"

Heutzutage gibt es zwei Varianten von Dating-Apps - die Sauteuren und die Sauschlechten. Schlimm sind die Kombis. Aber was bringen sie wirklich?

Ich werde hier an dieser Stelle kein Ranking der verschiedenen Portale mache. Das wäre eher etwas für meinen Blog und selbst da gehört es nicht hin. Denn diese Erfahrungen solltest Du besser selbst machen.

Es geht mehr darum, dass wir zu gerne mit diesen Apps die Zeit totschlagen und uns dann hinterher beschweren, dass sie nichts bringen. Dabei haben wir sie gar nicht effektiv benutzt!

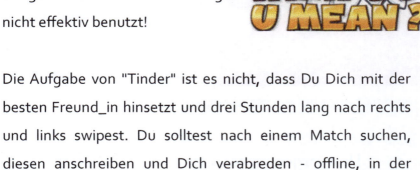

Die Aufgabe von "Tinder" ist es nicht, dass Du Dich mit der besten Freund_in hinsetzt und drei Stunden lang nach rechts und links swipest. Du solltest nach einem Match suchen, diesen anschreiben und Dich verabreden - offline, in der realen Welt, mit Cocktails und Co.

Auch OkCupid arbeitet mit diesem Prinzip. Wie vorher schon erwähnt, finde ich dort super, dass die Anzahl der Swipes täglich begrenzt sind. Die Leute, die Du dort triffst, leben aber womöglich nicht um die Ecke. Bei Interesse ist das Dating also etwas schwerer zu koordinieren und bedarf einer soliden Vorarbeit.

Bei Portalen wir "PlanetRomeo" ist es unglaublich wichtig, sich so authentisch wie möglich zu präsentieren. Die Menge an Fakern ist dort immens und niemand traut irgendwem. Je mehr Vertrauen Du wecken kannst, um so schneller und besser kommst Du mit anderen ins Gespräch.

Auch hier ist die Gefahr sehr groß, sich sinnlos stundenlang mit jemandem zu schreiben und zu schnell in den Pictausch zu gehen. Aber fängst Du erst an, pikante Bilder zu verteilen, ist die Chance auf ein seriöses Date vertan.

Und vergessen wir bitte eine Sache nicht:
Niemand sagt, dass Du überhaupt daten musst!

Wenn Du lieber eine Zeitlang allein bleiben und den Schwerpunkt auf die eigene Persönlichkeits-Entwicklung legen möchtest, ist das völlig okay und legitim!

Hier wird niemand gezwungen, sich mit anderen Menschen zu verabreden. ;-)

5.2. Warum Whatsapp alles nur noch schlimmer macht

Es gibt wohl kaum eine andere App, die so gerne für heftige Missverständnisse sorgt wie Whatsapp. Obwohl sie unsere Art zu kommunizieren auf der einen Seite unglaublich bereichert hat, auch gerade in Zeiten von Corona, treibt sie uns nicht nur regelmäßig zur Weißglut, sie sorgt gleichzeitig auch für Streit, Missgunst, Zwietracht - ich bezeichne sie mal frech als eine Art digitaler apokalyptischer Reiter.

Du kannst stundenlang mit jemandem schreiben, den Du auch real gut kennst und der/die/das Deine Art zu grinsen genau beschreiben könnte, das Kräuseln Deiner Lippen, wenn Dir etwas nicht gefällt, die Anzahl Deiner Stirnfalten, wenn Du die Augenbrauen hochziehst.

Aber wehe, du machst eine Aussage (die noch so trivial sein kann) und setzt ein falsches Emoji oder im schlimmsten Fall gar kein Emoticon.

Du kannst gar nicht so schnell das Wort Streit buchstabieren, wie die Situation eskaliert! Das Chatten inklusive Ironie, Sarkasmus und Zynismus geht eben nur mit den dafür entsprechenden

Symbolen.

Du kannst einen Dir vertrauten Menschen noch so sehr lieben und vergöttern - schickt er/sie/es Dir im dicksten Stress eine sieben-minütige Voicemail, möchtest Du diese Person am liebsten bis zum Lebensende auf jeder Plattform blockieren. ;-)

Das Weiterleiten einer Message oder eines Fotos an die falsche Person kann katastrophale Folgen haben! Das Ende einer Beziehung, das Aufkündigen einer Freundschaft bis zur Job-Entlassung - diesem Fiasko sind keine Grenzen gesetzt!

Die Kombination aus Whatsapp und Alkohol ist ungefähr so tödlich wie eine Überdosis Heroin in einem erntereifen Kornfeld - wenn es die Droge nicht schafft, hat immer noch der Mähdrescher eine Chance. ;-)

Und wehe! WEHE! Der andere antwortet nicht schnell genug - die einzig geltende Ausrede wäre eine geschmackvolle Todesanzeige am nächsten Tag. Alles andere zählt nicht und wird harcoremäßig abgestraft.

Falls Zuckerberg mal beschließen sollte, sie umzubenennen, mein Vorschlag wäre "FuckedApp" ;-)

Nichtsdestotrotz nutzen ca. 95 % von uns diese App täglich, nehmen das immense Risiko in Kauf – einfach, weil es so herrlich praktisch ist.
Und sind wir ehrlich: gerade beim ersten Kennenlernen in digitaler Form ist es schon praktisch:
Wir können ganz easy herausfinden, wie genau unser möglicher Datingpartner es mit der Grammatik und Rechtschreibung nimmt – wodurch wir Rückschlüsse auf die Intelligenz schließen können.
Mithilfe der Voicemails bekommen wir einen zusätzlichen ersten Eindruck über die Stimme – ist sie sanft und samtig sexy oder eher schrill und überschlagend, monoton tragend und damit einschläfernd oder lullt uns ein melodiöser Singsang um den Finger und wir wollen unbedingt mehr?
Auch ein schneller Schnappschuss kann tiefe Einblicke bieten – wortwörtlich. ;-)

Aber das Ganze kann auch schnell nach hinten losgehen...

5.3. Der Überwachungsdrang als Beziehungskiller

Du hättest gerne mit diesem einen Menschen ein Date gehabt, doch dieser lehnt mit fadenscheiniger Ausrede ab. Jetzt könntest Du gechillt bleiben und Dir eventuell eine Alternative suchen, um den Abend anderweitig genießen zu können.

Doch dann taucht bei Facebook ein Foto von diesem Menschen auf, in einer schönen Atmosphäre - und im Hintergrund, völlig unfokussiert, steht eine andere Person, die wir nicht kennen. Es entsteht aber der Eindruck, die könnten zusammen dort sein.

Innerlich passiert Folgendes: Dein Puls beschleunigt sich, Deine Laune kippt in die falsche Richtung und Deine Neugier geht auf einmal gegen unendlich!

Wer ist das, verdammt?

Und dank Social Media wirst Du dann spontan zu Sherlock Holmes:

Du machst ein Screenshot vom Foto, scrollst weiter, ob die Person im Hintergrund noch einmal irgendwo auftaucht, ob sie in dem Beitrag markiert wurde.

Ist sie dort nicht, gehen wir zu Instagram rüber - vielleicht taucht sie ja dort in den Fotos auf. Finden wir dort irgendwo ein "@menschxy"? Ein bestimmter Kommentar in den Likes? Und wenn das auch nicht funktioniert, schauen wir in unsere eigene Bilder-Galerie, gehen auf "Whatsapp-Images", suchen den Ordner des benannten Menschen und schauen durch, ob hier ein Snapshot dabei war, wo diese ominöse Hintergrund-Person drauf ist.

Hast Du in Deinem Stalking-Modus Glück gehabt und einen Namen gefunden, wird der direkt bei Facebook und Google eingegeben und Big-Data-mäßig alle Fakten und Details gesammelt, die Du finden kannst.

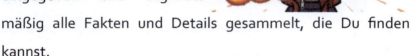

Am besten trinkst Du dabei noch ein Glas Wein oder sowas. Das unterstützt deine Rage und treibt Dich so richtig geil destruktiv voran.

Wenn Du alles zusammengetragen hast, was Du brauchst, ist Dein Hass und Deine voreingenommene Meinung gegenüber dieser Person dermaßen stark, dass Du sie in Real life instant umboxen möchtest. Deine Atmung geht immer schwerer, immer wieder umschließt eine Deiner Hände das Smartphone und in Gedanken gehst Du bereits die möglichen Text-Formulierungen durch.

Wenn die Flasche Wein dann nur noch einen Drittel Inhalt besitzt, bist Du soweit, dass Du nicht mehr anrufen möchtest, weil er/sie/es dann sofort Dein Lallen hören würde. Stattdessen kommt jetzt wieder Whatsapp zum Tragen - ohne jegliche Vorwarnung springst Du in den letzten Akt der Krimi-Aufklärung und verfasst einen ewig langen Text mit allen Fakten, Deiner negativen Wertung und natürlich mit der Frage, warum Du übergangen wurdest und was die andere Person hat, was Du anscheinend nicht hattest.

Und dann kommt der Hammer:

Ziemlich schnell kommt von Deinem Dating-Menschen eine Message zurück, geballt mit Fassungslosigkeit, völligem Unverständnis für dieses Stalkertum und der simplen Feststellung, dass der Bruder spontan zum Grillen eingeladen hat und auf dem Foto, welches dieser gemacht hat, ist deren Partner_in gelandet.

Zum Glück ist ja noch ein Drittel der Weinflasche übrig. Denn die brauchst Du jetzt dringend, um das megapeinliche Gefühl zu betäuben, dass sich auf Deine Seele gelegt hat. Der Boden sollte sich öffnen, damit Du für immer darin versinken kannst, aber der tut Dir diesen Gefallen leider nicht. ;-)

6. Der trügerische Schein der realen Welt

Was ist heute noch echt und was fake?

Es ist schwer geworden, diesen Unterschied klar abzugrenzen, denn er scheint häufig fließend zu sein. Mit den entsprechenden Filtern können wir unsere Selfies derart pushen, bis von uns selbst nichts mehr übrig ist.

Alter, Gewicht und Jobs werden geschönt, wo es geht. Es wirkt so, als wäre es peinlich, zu sich selbst zu stehen. Der Trend geht so weit, dass wir meinen, dem Ideal eines Supermodels entsprechen zu müssen, um in der DatingWorld überhaupt Bestand haben zu können.

Wo ist die Authentizität hin? Warum dürfen wir nicht sein, wie wir sind? Ich empfinde das als sehr gefährlich - kein Wunder, dass unsere Psychen deswegen alle kaputt sind. Und deswegen klappt das mit dem Dating auch nicht.

Wir stehen morgens auf, sehen an uns herab und finden uns instant kacke. Das Spiegelbild setzt dann noch einen drauf und senkt den Daumen. Spätestens unter der Dusche fließt dann nicht nur das Wasser, sondern auch gerne mal die ersten Tränen.

Zum Glück gibt es ja tonnenweise Make up, die unser Gesicht

verdecken kann. Figurformende Kleidung und dann die oben erwähnten Filter. Und wenn wir dann das 100. Selfie geschossen haben, auf dem wir dann halbwegs perfekt aussehen, donnern wir dieses Fake-Bild in unseren Status, zu Instagram und Facebook und haben dann so halbwegs das Gefühl, in den Tag starten zu können.

Ihr merkt selbst, welchem Wahnsinn wir verfallen sind, oder? Das kann doch unmöglich der richtige Weg sein! Vor allem müssen wir dadurch davon ausgehen, dass unsere möglichen Dating-Partner genauso agieren.
Von daher ist es fast unmöglich vorherzusehen, mit welchem Menschen Du es später zu tun hast. Denn sitzen wir erst jemandem real gegenüber, zerplatzt die Blase ganz schnell und von den vielen Filtern bleibt nichts mehr übrig als die ungeschönte Realität.

Versuche daher im Vorfeld an die Mobilnummer heranzukommen, um vor dem ersten Date zu texten. Dann kannst Du unverfänglich nach einem unverfälschten Bild fragen, am besten nach einem ganz spontanen Selfie. Ist die Person nicht bereit, besagtes Foto zu schicken, weißt Du direkt, dass etwas nicht stimmt und kannst das hinterfragen.

6.1. Das Problem mit dem Anspruch

In Kapitel 4.1. haben wir über die Ansprüche an den Partner gesprochen. Jetzt geht es darum, was passiert, wenn Du diese Anforderungen im Kopf hast und bereits Deinem Dating-Partner gegenüber sitzt.

Du kannst von der Liste im anderen Kapitel ein Foto machen und im Handy archivieren. Zwischendurch, sofern die Möglichkeit besteht, ohne unhöflich zu sein, kannst Du dann einen Blick darauf werfen.

Um das gleich vorweg zu nehmen: die Chancen, beim Daten jemanden zu finden, der all diese Attribute erfüllt, geht nicht nur gegen Null - eher schreibst Du ein Buch, das bekannter wird als Harry Potter. ;-)

Aber ich könnte mir vorstellen, dass Dich eher bestimmte Schwerpunkte interessieren, schließlich sollte Dein möglicher Partner zu Dir passen. Es liegt also auch an Dir, welches Maß Du an die Ansprüche ansetzt.

Und wo wir schon dabei sind:

Hake Dein Date nicht direkt ab, sobald ein Punkt der Liste nicht mit Deinen Vorstellungen übereinstimmt! Vielleicht kommen im Laufe der Zeit ganz neue Aspekte zu tragen, die in der Aufzählung gar nicht vorkommen und noch besser zu Dir passen könnten.

Je mehr Ansprüche Du entwickelst, um so kleiner wird der Pool, auf den Du beim Daten zurückgreifen kannst. Das darf Dich aber nicht entmutigen. Im Grunde macht es die Sache auch einfacher - oder wolltest Du bis zum Lebensabend die Zeit mit Dating verdaddeln?
Es geht ja eher darum, Deine langfristigen Ziele zu erfüllen. Und diese sind zum Glück nicht in Stein gemeißelt, sondern können sich auch im Laufe der Zeit verändern und weiter entwickeln.

6.2. Vergiss Deine Standards nicht!

Dieses Thema ist ein Spezialgebiet des Dating-Gurus *Matthew Hussey (www.howtogettheguy.com)*.

Von ihm habe ich unglaublich viel gelernt und seine Youtube-Videos gehören mittlerweile zu meinem Alltag wie die erste Tasse Kaffee am Morgen.

Er hat mir aufgezeigt, dass mein Problem beim Daten gar nicht ich selbst war, sondern das Fehlverhalten der anderen. Und ich bin an den Dates gescheitert, weil ich diese #fails nicht wahrgenommen habe, sondern mir den Schuh immer gleich selbst angezogen habe.

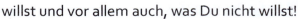

Das soll Dir ab jetzt auch nicht mehr passieren! Denn solange Du an Deinen Standards festhältst, bleibst Du im Vorteil gegenüber dem anderen. Denn du weißt, was Du willst und vor allem auch, was Du nicht willst!

Aber was bedeutet der Begriff "Standards" in diesem Fall? Hier geht es um Deinen persönlichen Wert, den Du bei einem Date vertrittst. Ich denke, in der heutigen Zeit haben wir alle so unsere Schwierigkeiten, unser Selbstwertgefühl konstant auf einem Level zu halten.

Social Media sorgt fleißig dafür, dass wir uns selbst in den ständigen Vergleich mit anderen stellen. Und dabei mit unserer eigenen Kritik die Battle gegen uns selbst verlieren. Das kann in der DatingWorld katastrophale Folgen haben, denn Dein Gegenüber spürt Deine Zweifel und die mögliche Unsicherheit und versucht diese, für sich zu nutzen.

Deine Standards sind auch die Werte,
die Du nach außen hin für Dich vertrittst:
-> Wie wichtig ist die Familie für Dich?
-> Hast Du eine Vorstellung von Deiner Zukunft?
-> Stehst Du hinter dem, was Du beruflich machst?
-> Wie sieht die Beziehung aus, die Du suchst?
-> Was erwartest Du vom Leben?

Es ist wichtig, diese Werte zu kommunizieren, damit Dein Gegenüber diese mit dessen Standards vergleichen kann. Und wenn dann Unstimmigkeiten aufkommen, wird schnell klar, wohin der Hase läuft - oder ob Du lieber einen direkten Haken schlagen solltest. ;-)

6.3. Der Blick hinter die Fassaden

Bei einem Date haben wir die Möglichkeit, unseren ersten Eindruck zu verfestigen, zu vertiefen und mehr über die Person herauszufinden, die wir kennenlernen wollen. Ich benutze dafür die Metapher eines großen Wohnblocks in einer Stadt.

Von außen begegnen uns hell gestrichene Wände, geputzte Fenster, Blumen am Balkon hängend und die Eingangstür wirkt einladend, sodass wir nur zu gerne eintreten wollen. Und sind wir dann im Flur bröckelt der erste Eindruck - die Briefkästen sehen ramponiert aus, so mancher davon quillt über, andere wirken gänzlich unbenutzt.

Die Wandseite der Treppe ist mit einem Graffiti verziert, dessen Buchstaben keinerlei Sinn ergeben, das Geländer wirkt, als würde es jeden Moment zur Seite wegbrechen. Von oben ertönt lautes Gebell von einem Monster, das klingt, als könnte es uns mit Haut und Haaren verschlingen.

Hier beginnen die ersten Zweifel, ob es richtig war, das Haus betreten zu haben. Worauf haben wir uns nur eingelassen? Und dann greift das Konzept Hoffnung: So schlimm wird es schon nicht sein! Vielleicht hat nur der Hausmeister gekündigt und sie finden keinen Nachfolger. Die Wohnungen sehen bestimmt besser aus. Sicher sind wir uns dessen natürlich nicht.

Am ersten Podest ist ein kleines Fenster in den Hinterhof. Wir blicken neugierig hindurch und sehen eine ganze Batterie von Müllcontainern, vor denen sich leere Flaschen sammeln, an der Seite liegt eine alte Matratze, die schon mehr als einen Regenschauer abbekommen hat. Zwei streunende Viecher wühlen dort herum, die mit der richtigen Pflege wohl als Katzen zu bezeichnen wären.

Wir versuchen, das Bild so schnell wie möglich aus unserem Gedächtnis zu verbannen und nehmen danach zwei Treppenstufen auf einmal. Und jetzt ist unsere Skepsis so richtig am Rotieren: Was wird uns oben erwarten? Können wir damit umgehen? Wollen wir das wirklich wissen oder wäre es nicht leichter, umzudrehen und sich einfach wieder die hübsche Fassade anzuschauen?

In der DatingWorld neigen wir dazu, genau diesen leichten Weg zu gehen. Sobald wir nur einen kleinen Riss in der Wand sehen, sind wir weg! Denn was wir vergessen, ist Folgendes: Vielleicht gibt es eine super interessante Geschichte zu diesem Riss! Ein prägendes Erlebnis, das unseren Gegenüber zu dem gemacht hat, der/die/das nun vor uns steht.

Vielleicht ist die Geschichte derart faszinierend, dass sie uns dazu animiert, unbedingt mehr wissen zu wollen. Und/oder sie hat einen direkten Bezug zu unserer eigenen Vergangenheit und würde damit eine zusammenschweißende Gemeinsamkeit ergeben.

Leider haben wir die Story nie gehört, haben diese Verbundenheit nie gespürt und damit die Chance vertan, einen Menschen besser kennenzulernen, der unter Umständen eine Bereicherung für unser Leben hätte sein können.

Du siehst meine vorsichtige Ausdrucksweise! Mir ist natürlich vollkommen bewusst, dass wir nur zu gerne mit unseren inneren Instinkten handeln und dieses Bauchgefühl in vielen Fällen durchaus seinen Nutzen hat.

Es kann auch sein, dass wir mit dem Verlassen des Hauses uns selbst vor einem psychopathischen Serienkiller geschützt haben, vor einem sadistischen Schläger, einem Suchtkranken und/oder noch Schlimmeren.

(By the way: trotz der maskulinen Form an dieser Stelle dürfen sich an dieser Stelle gerne alle angesprochen fühlen. Für die zu erzeugenden Bilder ist es leichter, nur eine Form zu wählen.)

Worauf ich hinaus will:

Sind wir bereit, ein Risiko einzugehen, um an unsere Ziele zu kommen? Ist der leichteste Weg immer der Beste? Oder lohnt sich womöglich der Blick hinter die Fassaden, die im ersten Moment selten schön sind, aber erklären, warum wir so sind wie wir sind?

Ein Diamant ist nicht automatisch ein Diamant! Laut www.wikipedia.org sind "nur ein Viertel von diesen qualitativ als Schmuckstein geeignet". Der bestmögliche Schliff und deren Wirkung wird per Computer berechnet und dann in einem Automaten umgesetzt.

Viel besser läuft es in der DatingWorld auch nicht, oder? Die Profile der Dating-Apps helfen uns dabei, den "höchstmöglichen Prozentsatz des einfallenden Lichtes durch

Reflexionen im Inneren unseres Selbsts wieder in Richtung des Betrachters aus uns heraustreten zu lassen." In dieser Metapher ist der Automat der Algorithmus, der uns die passenden Matches heraussucht.

Wie Du Dich verkaufst, liegt an Dir: **Bist Du ein brillanter Edelstein oder billiger Modeschmuck?** Wir können ja mal Deinen Ex nach dessen Meinung fragen...

7. Das fatale Öffnen der Ex-Files

Hier geht es nicht um die berühmte Mystery-Serie der 90er Jahre. Die Akten, um die es hier geht, sind so manches Mal mindestens genauso gruselig. Und/oder verstörend. Wenn nicht sogar traumatisierend.

Andere wiederum schmeißen uns in eine nostalgische Stimmung. Lassen uns von den alten Zeiten träumen, als vielleicht noch alles gut war.

Im Laufe des Kennenlernens kommt dieses Thema irgendwann unweigerlich auf den Tisch. Ganz häufig rutscht uns das in einem Nebensatz heraus, ungewollt und ungebremst. "Ja, das hat XY auch immer gebracht."

Sofort leuchtet in den Augen des Gegenübers ein Alarm auf: wenn XY das gemacht hat, ist das wahrscheinlich nichts Gutes! Und wer ist XY überhaupt? Und will ich das wirklich wissen?

Das passiert alles in einem Bruchteil einer Sekunde, doch verändert es die Balance des Dates um einiges. Nun stehen wir in Erklärungsnot, denn was wir nun preisgeben, sagt ganz viel über uns aus.

Nun will ich zwar nicht so plakativ sein und sagen: "Wir sind, wen wir vorher gedatet haben", aber es ist eine Spur weit mit was dran an dieser These.

Denn hier kommt die Frage nach dem "Dating-Muster" zum Tragen. Suchen wir immer nur einen bestimmten Typus oder wie breit sind wir beim Daten aufgestellt? Wenn wir erzählen, wie unsere Exen sind, vermitteln wir unserem Gegenüber auch direkt, was wir nicht mehr wollen!

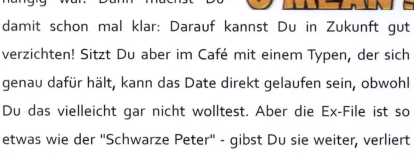

Du erzählst, dass Dein Ex ein Macho vor dem Herrn und gleichzeitig von Dir komplett coabhängig war. Dann machst Du damit schon mal klar: Darauf kannst Du in Zukunft gut verzichten! Sitzt Du aber im Café mit einem Typen, der sich genau dafür hält, kann das Date direkt gelaufen sein, obwohl Du das vielleicht gar nicht wolltest. Aber die Ex-File ist so etwas wie der "Schwarze Peter" - gibst Du sie weiter, verliert der andere.

Zusätzlich befindet sich in diesem Aktenstapel auch Deine Pleitenserie und wer gibt seine #fails schon gerne zu? Es gibt leider genug von uns, die eine Art eingebauten Magneten in uns tragen und damit all die Menschen anziehen, die uns überhaupt nicht guttun.

Und dieser Magnet hält uns gleichzeitig davon ab, diese wieder loszuwerden. Er bindet diese förmlich an uns und wir können nur sehr schwer gegen diese Kräfte gegensteuern.

Mit den Exen gibt es noch eine weitere Gefahr:

Ohne, dass wir es merken, blenden wir alle negativen Eigenschaften des Expartners aus, erinnern uns nur noch an die guten Seiten und vergessen das ganze Drama, warum es überhaupt zum Ende kam.

In dem Fall wird der Verflossene auf ein Podest gestellt und dadurch muss der "Neue" immer mindestens mithalten, wenn nicht sogar besser sein. Aber das kann nicht funktionieren, weil niemand diese Utopie dauerhaft aufrecht erhalten kann, ohne für Probleme zu sorgen.

Schließlich wollen wir den jetzigen Partner gar nicht zum alten System ummodeln, denn das hat ja offensichtlich nicht dauerhaft gepasst! Freunden wir uns lieber mit dem neuen System an...

7.1 Die tägliche Battle des Vergleichens

Wir alle tun es. Es ist so gut wie unmöglich, sich davor zu schützen. Ich behaupte, das Vergleichen mit anderen wird uns anerzogen. Spätestens von unserem mehr als veralteten Schulsystem, das immer noch nach dem "Höher - Schneller - Weiter"-Prinzip arbeitet. Das Notenverfahren (zumindest das in Deutschland) ist hart darauf ausgelegt, die Kids miteinander zu vergleichen, was an sich schon eine Ungerechtigkeit sondergleichen ist, weil dabei die unterschiedlichen Lern-Tempi nicht berücksichtigt werden. Von den individuellen Bedürfnissen und Stärken mal ganz abgesehen.

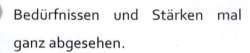

Wir erziehen schon seit Jahrzehnten Generationen von unglücklichen Menschen, weil wir ihnen beibringen, von sich weg auf andere zu schauen anstatt auf sich selbst zu achten und das Beste aus sich selbst herauszuholen.

Und sind wir dann erst erwachsen, dann schauen wir uns um. Unser Sandkastenfreund macht eine steile Karriere, fährt einen dicken Schlitten, hat mit 23 Jahren schon die Kohle zusammen, um eine pompöse Hochzeit mit seiner super hübschen Freundin zu feiern.

Das Mädel, von der wir gerne mal die Hausaufgaben abgeschrieben haben, geht studieren, schafft es währenddessen, ein süßes Baby zur Welt zu bringen und es als alleinerziehende Mutter zu versorgen.

Der Klassenclown, von dem wir gedacht haben, dass er nie was auf die Kette kriegen würde, übernimmt kurzerhand Papas Unternehmen und schafft es, die Firma an die Börse zu bringen und teilt auf Instagram regelmäßig Fotos seiner Modelfreundin.

Und du so?

Jepp, so fühle ich mich dann auch. Frustriert, von mir selbst enttäuscht, einsam und am Leben vorbei gelebt.

Aber ist das wirklich so? Und da sag ich nämlich: Nein!

Denn in unserer Verblendung übersehen wir ein paar wichtige Dinge:

→ Der Sandkastenfreund ist nur mit Connections und Vitamin B an den Job gekommen, in dem jetzt die Karriere startet. Dabei nahm er keinerlei Rücksicht auf seine Kollegen und hat sogar ein paar Ideen von anderen geklaut, um deren Lorbeeren zu kassieren. Der dicke Schlitten ist nur geleast und für die Hochzeit musste er einen Kredit aufnehmen.

→ Die Hausaufgabenfreundin hat sich im Suff schwängern lassen und den Typen danach nie wieder gesehen. Weil sie nicht einmal seinen Namen wusste, konnte sie auch keine Hilfe erwarten. Um das Baby zu versorgen priorisiert sie Jobs, die schnelles Geld bringen, sodass sie nie in den Beruf kommt, den sie studiert hat. Und das Baby bleibt nicht so süß - weil Mama in der Schwangerschaft einen miesen Lebenswandel hatte, bekommt das Kind später ADHS und Legasthenie attestiert und leidet in der Schule unter Mobbing.

→ Der Klassenclown war damals schon depressiv, musste Tabletten nehmen, die sein Verhalten beeinflussten. Auch ein Grund, warum sein Dad ihn in die Firma holte, allerdings benutzt er ihn nur als Gallionsfigur und trifft weiterhin alle Entscheidungen selbst. Die Modelfreundin ist nur die Freundin auf dem Papier, um mehr Likes bei Social Media zu bekommen. In Wahrheit bekommt er schon seit Jahren aufgrund der starken Medikamente keinen mehr hoch.

So, geht es Dir jetzt besser?

Ja, mir auch. ;-)

Die Realität sieht nämlich gern mal ganz anders aus als das, was wir nach außen hin zu sehen kriegen. Und ich wüsste nicht, warum ich mich mit einer dieser Figuren vergleichen sollte. Du?

Gleiches gilt übrigens für die Exen. Es bringt gar nichts, darüber nachzudenken, ob die Beziehung des Nachbarn besser läuft als Deine. Oder eifersüchtig zu sein, wenn Du Bekannte zusammen im Restaurant sitzen siehst. Denn das sind Momentaufnahmen und Du kennst deren Interna nicht. Wir können den Leuten nur vor die Stirn schauen.

Arbeite mit dem, was Du hast. Wenn Du es schaffst, das Bestmögliche aus Dir selbst herauszuholen, hast Du eine gute Chance, das auch mit dem Partner zu schaffen. Denn es geht darum, dass Du mit dem System, das Du brauchst, glücklich bist. Und das geht andere nicht das Geringste an!

7.2. Das Ausblenden der Traumata

Mir wurde mal ein weiser Satz von Jentezen Franklin zugespielt: **"Liebe so, als wärst Du nie verletzt worden."**

Diesen Ansatz finde ich sehr interessant. Auf unsere DatingWorld übertragen würde das bedeuten, unser Vergangenheits-Paket zu Hause liegen zu lassen. Wir starten fresh, wie aus dem Ei gepellt - in ein neues Abenteuer mit vielen Möglichkeiten.

Wir bleiben dem möglichen Dating-Partner gegenüber völlig offen und unvoreingenommen, stellen unsere Oberflächlichkeit ab und lassen uns einfach mal drauf ein und schauen, was passiert.

So gern ich Dir raten möchte, genau so zu handeln - wir beide wissen es besser: **So einfach ist das nicht!**

Ein Mensch, der als Kind in den Brunnen gefallen ist und dort eine Zeitlang festsaß, wird beim Anblick eines Fahrstuhls bestimmt nicht sagen: "Hey ho, let's go!"

Im Gegenteil: Diese Person wird die engen Wände und das Schließen der Türen sehen und innerhalb eines Fingerschnippens ist dieser Erwachsene wieder Kind und zurück im Brunnen. Und der ganze Schmerz, die Verzweiflung, die Ängste kehren sofort zurück. Schweiß bricht aus, die Luft fühlt sich dünner an, das Atmen fällt schwerer.

Die Person will einfach nur noch raus, raus, raus!

Ähnliches erleben wir leider auch in Beziehungen. Die schwarzen Löcher, die alles Gute verschlingen, bis nichts mehr übrig ist als die völlige Leere. Dann schaffen wir es doch, aus diesem Albtraum zu entkommen, brauchen Therapie und ein paar Jahre Alleinsein, um wieder auf die Beine zu kommen. Dann, vielleicht, dann fangen wir wieder an, über das Thema Dating nachzudenken...

... und dann kommt der Spruch:
"Liebe so, als wärst Du nie verletzt worden."

Das klingt ja ganz nett. Aber in die Realität umzusetzen? Da muss dann schon ein bisschen mehr passieren, bis sich das so einfach erfüllen lässt. Denn wir können die Trigger, die Auslöser der Trauma-Erinnerung, nicht einfach ausknipsen, wie das Licht im Wohnzimmer.

Nicht selten sind die Ex-Files nicht nur leblose Order, die auf einem Schreibtisch herumliegen, sondern noch ganz reale Personen, die im Leben Deines Datingpartners durchaus noch vorkommen.
Ähnliches kann für Dich zutreffen…

7.3. Das Kennenlernen eines Ex-Menschen

Richtig spannend wird es auch, wenn der neue Partner auf den Vorgänger trifft. Auch da gibt es die lustigsten Anekdoten:

→ Zwei Menschen lernen sich auf einer Party kennen, unterhalten sich prächtig und sind gut gelaunt, bis der/die/das sich großspurig über die Ex auslässt und bei der genauen Beschreibung dann auffällt, dass es die Aktuelle des anderen ist. Awkward!

→ Zwei Menschen stehen im Flur, der eine ist bereit zu gehen, nach einem hervorragenden zweiten Date. Es wird sogar geküsst, als jemand die Treppe hinunter läuft und beim Anblick dieser beiden auf den Stufen erstarrt. Die zwei lassen voneinander ab und eine peinliche Stille entsteht. Passiert, wenn der Ex die Wohnung oben drüber hat. Awkward!

→ Du gehst gut gelaunt in Deine Stammkneipe, in dem Glauben, ein wenig mit dem neuen Barkeeper zu flirten, mit dem Du neulich schon fast abgestürzt wärst. Du hast eindeutig ein Auge auf ihn geworfen und er auch auf Dich - aber als Du dort auftauchst, hängt seine Ex am Tresen und sieht völlig verzweifelt aus. Ohne es wirklich zu wollen, setzt Du Dich dazu und schon ist es passiert. Sie heult Dir die Ohren voll, wie gern sie den Barkeeper zurück hätte. Awkward!

Das sind nur drei Beispiele, aber diese Liste ließe sich in meinem Blog www.toshisworld.blogspot.com wahrscheinlich endlos weiterspinnen. Denn die Möglichkeiten, im Laufe der Datingphase auf einen Ex von jemanden zu treffen, sind vielseitig.
Es kann auch zum ungewollten Test werden, ob der potentielle Partner die Nerven behält und sich gegen den Verflossenen behaupten kann und will.

Um aber überhaupt soweit zu kommen, schauen wir uns gemeinsam noch einmal die Dating-Struktur an: wie gelangen wir überhaupt ans erste Date – was passiert danach und wie können wir aktiv das Geschehen vor Ort beeinflussen.?
Je besser Du erkennst, was im Hintergrund unbewusst passiert, desto besser kannst Du auf Dein Gegenüber eingehen und das bestmögliche Ergebnis aus dem Date herausholen...

8. Die Dating-Struktur

Am Anfang von Kapitel 3 habe ich Dir bereits die verschiedenen Arten von Dates näher gebracht. Hier geht es jetzt mehr darum, was passiert, wenn Du Deinem Gegenüber bereits gegenüberstehst. Was soll/kann passieren? Und welche Fehler lassen sich bereits im Vorfeld vermeiden?

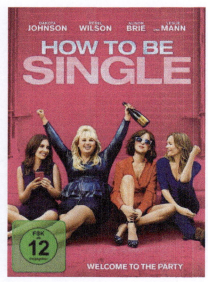

Einen Film, den ich an dieser Stelle zur Inspiration und Erheiterung empfehlen möchte: "How 2 B Single". Dieser amerikanische Film bezieht sich zwar auf "das merkwürdige Verhalten geschlechtsreifer Großstädter zur Paarungszeit (by the way: auch ein toller Film), aber dank der Globalisierung haben wir so viele American ways in unseren Alltag eingebaut - da kann ich auch entsprechende Filme zur Erklärung heranziehen.

Dakota Johnson holt sich Rebel Wilson als Dating-Scout an die Seite und schon ist das Chaos vorprogrammiert. Gleichzeitig lernt das kleine Mauerblümchen jede Menge Fachwissen und triefenden Sarkasmus von ihrer neuen Freundin und wird so zum krassen Dating-Professional. Mit Konsequenzen. ;-)

So, eine Seite mit Filmempfehlung verschwendet - könntest Du jetzt denken. Brauchst Du aber nicht, denn hier passiert nichts ohne sinnvollen Hintergrund.

"Education" ist hier nämlich das Zauberwort! Wir lernen niemals aus und mein Mantra **"Learning by doing!"** bleibt auch hier äußerst wichtig.
Niemand wird als Profi geboren. Wir müssen Sozialverhalten erlernen, Moral und Ethik verstehen, unsere Kommunikation verbessern und Empathie entwickeln. Das ist eine crazy Herausforderung, nur um Daten zu können!

Und schon kommen wir zum nächsten Exkurs:
dem Balzverhalten der Tierwelt.
Die Intelligenz des Menschen hat nämlich einen richtig fetten Haken: wir machen es uns unnötig kompliziert. Und das nur allzu gerne!

Die Partnerwahl kann auch leichter gestaltet sein - das wird deutlich, wenn wir einen Blick auf unsere Fauna werfen:

Beim Pfau haben die Weibchen einfach nur die Qual der Wahl - die Männchen führen sich selbst vor, samt buntem Rad am Schwanz und dabei beschränken sich die Kriterien komplett auf den optischen Aspekt.

Beim Löwen wird das diktatorisch gelöst: kommt ein neues Männchen ins Revier gibt es einen Kampf. Gewinnt dieser vertreibt er den anderen, tötet dessen Nachkommen und ist dann automatisch der neue Herrscher.

Aras wiederum finden sich direkt nach der Geschlechtsreife - und bleiben dann ein Leben lang ein Paar. Da ist nichts mit Trennung und zurück zur DatingWorld.

Und wir?

Wir machen es uns dermaßen kompliziert, dass uns gerne mal die Lust am Daten vergeht. Häufig scheitert es an der fehlenden und/oder mangelhaften Kommunikation. Aber das thematisierte ich ja bereits.

Deswegen schauen wir uns jetzt mal an, was bei einem ersten Date so alles schief gehen kann. Wenn Du im Vorfeld weißt, was sich vermeiden lässt, nimmt das jede Menge Druck weg. ;-)

8.1. Die Kunst, beim ersten Date nicht zu versagen

Trefft Euch auf jeden Fall in einem neutralen öffentlichen Raum. Für beide gibt es damit die Möglichkeit, ein elegantes Exit zu wählen, falls es doch nicht passen sollte.

Falls Du die Location auswählen darfst, wähle nicht Dein Stamm-Restaurant. Es würde Dir einen unfairen Vorteil verschaffen, wenn die Service-Leute Dich mit Namen begrüßen und nach dem Üblichen fragen.

Dein Date wird nervös sein und es schadet nicht, selbst auch ein wenig nervös zu sein. Gleiches Recht für beide! Wählt einen Aperitif, mit dem ihr anstoßen könnt. Nutze solche Momente für den direkten Augenkontakt. Das verbindet. ;-)

Ziehe Klamotten an, die Deinen Typ unterstreichen. Du musst Dich aber ihn ihnen wohlfühlen - und ein wenig sexy dürfen sie natürlich sein. Lenke die Augen des Gegenübers auf Deine Vorzüge, ohne sie zwingend sichtbar zu machen. Manchmal ist es interessanter, etwas zu verdecken als es offenzulegen!

Die Essensauswahl kannst Du für ein Gespräch nutzen, um abzuchecken, wie die Gewohnheiten des Gegenübers in dieser Hinsicht sind. Fast-Food-Lover oder doch eher Ovolacto-Vegetarier? Reiz-Darm-Syndrom oder muss das Essen über 100.000 Scoville haben? Low Carb vs. High Carb und so weiter. Aber lass Dich nicht auf eine Grundsatzdiskussion ein!

Dann entstehen Fronten, die sich unter Umständen verhärten - das Date kannst Du dann direkt abschreiben. Zeige Dich offen und verständnisvoll. Das wirkt sympathisch.

Nutze auch die Wahl der Getränke, um herauszufinden, ob ihr bereits Gemeinsamkeiten habt - trinkt ihr lieber Bier oder doch lieber trockenen Rotwein? Vielleicht mögt ihr beide gar keinen Alkohol - solche Kleinigkeiten verbinden und geben ein schnelles Wir-Gefühl.

Während Du so oft wie möglich den Augenkontakt suchst, liegt es an Dir, im Gespräch Deine Standards zu kommunizieren und gleichzeitig Deine Ansprüche deutlich zu machen. Dabei brauchst Du nicht mit der Tür ins Haus fallen, sondern suchst subtile Wege (beispielsweise mit Anekdoten), um zu erzählen, was Dir im Leben wichtig ist.

Wenn Dir Dein Dating-Partner richtig gut gefällt, besteht die Gefahr, dass Du an dessen Lippen kleben bleibst und alles über diese Person erfahren möchtest. Du bist generell ein guter Zuhörer? Dann musst Du tierisch aufpassen, dass Dein Gegenüber nicht nur von sich erzählen muss! Das will er/sie/es womöglich gar nicht, fühlt sich aber dazu genötigt, weil von Dir kein Input kommt.

Vielleicht kennst Du solche sogenannten "Verhör-Dates": da wird der eine zum Cop und stellt all die vielen Fragen und der Verdächtige antwortet bereitwillig und gesteht alles - und am Ende geht der Cop nach Hause und denkt sich: jetzt weiß der andere gar nichts über mich!

Natürlich könnte das ein Aufhänger sein, um sich ein weiteres Mal zu treffen, aber - es kann auch sein, dass Dein Dating-Partner Dich jetzt als verschlossen betrachtet. In dem Fall musst Du damit rechnen, dass diese Person ein zweites Date ablehnt oder sich nie wieder meldet.

Und wo wir schon bei Attributen sind:
Sei "beeindruckend", aber nicht "einschüchternd"!

Wenn Du es schaffst, in Deinem Alltag tolle Dinge zu erleben, kannst Du gerne davon erzählen. Ich würde sogar dazu raten, aber bitte nur in Maßen und mit der gewissen Menge Enthusiasmus.
→ Wurde vorher im Gespräch von Deinem Gegenüber erwähnt, dass er/sie/es von Höhenangst geplagt wird, kann es beeindruckend sein, dass Du Dich getraut hast, vom Dach eines Hochhauses einen Blick nach unten gewagt zu haben.

Hingegen wirkt es mega einschüchternd, wenn nicht sogar erschreckend, wenn Du davon erzählst, wie viel mal Du schon Fallschirm springen warst, wie häufig Du Dich mit Freunden zum Free-Climbing triffst und Dir nur noch Bungee-Jumping auf Deiner Liste fehlt. Die damit ausgelöste Panik, der zukünftige Partner muss das alles mitmachen, zwingt diesen zum Rückzug.

Andererseits: Sollte Dein Alltagsleben tatsächlich so aussehen wie oben beschrieben, solltest Du noch Deinen Hauptgang zu Dir nehmen und aufs Dessert verzichten. Denn dieses Date hat wohl eher keine Zukunft.

Gegensätze mögen sich an- und gerne ausziehen - aber die Kluft zwischen diesen beiden Kandidaten ist doch eindeutig zu groß. Innerhalb einer Beziehung müssten sich beide viel zu sehr verbiegen.

Aber zum Kommunizieren als solches kommen wir jetzt im nächsten Kapitel. ;-)

8.2. Das richtige Kommunizieren Deiner Werte

Es ist nicht immer leicht, in der Kürze eines Dates alles Wichtige zu vermitteln. Den Wenigsten von uns gelingt das, deswegen benötigen wir mehrere Treffen, um alle Details und Macken abzufragen.

Im Gegensatz zu unseren Standards sind Deine Werte häufig anerzogen und antrainiert, hängen daher unmittelbar mit der Familie zusammen. Nicht jeder möchte direkt beim ersten Date darüber sprechen, was in der Kindheit so los war. Von daher streuen wir unsere Werte eher subtil in unsere gesprochenen Sätze hinein.

Wenn Du zum Beispiel vor hast, in den nächsten 5-10 Jahren zu heiraten, würde ich das nicht direkt beim ersten Date anbringen. Aber Du kannst erzählen, dass demnächst eine Deiner besten Freund_innen heiratet und Du Dich darauf freust. Dein Gegenüber wird darauf reagieren und das gibt Dir einen Hinweis darauf, wie er/sie/es darüber denkt.

Wenn Du im gleichen Zeitraum auch eigene Kinder möchtest, wäre es möglich, von einem Patenkind zu erzählen oder vielleicht passt du häufiger mal auf das Baby einer Bekannten auf. Auch darauf wird der Dating-Partner reagieren.

Wenn Du dann noch ein Haus kaufen möchtest, um das Szenario zu komplettieren, kannst Du Dein Date fragen, ob ihr nach dem Essen noch einen gemeinsamen Spaziergang machen könnt. Dabei wählst Du einen Weg, bei dem ihr an Häusern vorbeikommt, die Dir gefallen und dann kannst Du Deinen Geschmack einfließen lassen, während Du die Reaktion Deines Gegenübers analysierst.

Auch hier lässt sich die Liste Deiner Werte beliebig erweitern, aber ich lege den Fokus auf die Art und Weise, wie sie in das Gespräch eingeschleust werden.

Es geht darum, nicht mit der Tür ins Haus zu fallen, um das Gegenüber nicht zu verschrecken. Du streust die wichtigen Informationen wie Brotkrumen auf den Weg und beobachtest, wie gut oder schlecht sie aufgehoben werden. Ist Dein Dating-Partner fleißig und aufmerksam, wird er/sie/es sein Ziel finden. Ansonsten landet er/sie/es im Ofen der alten Hexe, um diese Hänsel & Gretel Metapher zuende zu führen. ;-)

Auch religiöse Werte kommen in diesem Kapitel zum Tragen. In den meisten Dating-Apps kann dieses Thema zwar im Profil angegeben werden, aber es ist sehr individuell unterschiedlich, wie stark die eigene Religion ausgelebt wird. Ich gehe jetzt davon aus, dass schon vor dem ersten Date kommuniziert wurde und diese ersten Eckdaten bereits abgeklärt sind. Stimmen die Religionen nicht miteinander überein, wird die Toleranzgrenze einen großen Teil des Gesprächs einnehmen.

Sie sollte jedenfalls, weil das Praktizieren kann einen erheblichen Unterschied im Alltag des Menschen ausmachen.

Kommt diese Geschichte erst nach vier Wochen zur Sprache und wird dann zum Problem, hast Du einfach stumpf einen

Monat Dating-Zeit verschwendet, weil Du versäumt hast, es anzusprechen. ;-)

Aber gehen wir dazu ins nächste Kapitel und lernen ein paar sinnvolle Werkzeuge, die uns das Daten ein Stück weit leichter machen...

8.3. Mit welchen Tools Du Dein Gegenüber analysierst

Kennst Du Dich mit Körpersprache aus?
Sie sagt soviel über uns aus, völlig unbewusst, häufig ohne dass wir es verhindern können. Über die Jahre haben wir uns die merkwürdigsten Marotten angeeignet.
→ Vielleicht wippst Du gerne mit dem Bein, um Deine Nervosität zu kompensieren.
→ Vielleicht streichst Du Dir beim Nachdenken gerne durch den Bart.
→ Vielleicht kaust Du gerne auf Deiner Unterlippe, wenn Du Dich unsicher fühlst.
→ Vielleicht sitzt Du leicht gekrümmt, weil Dein Bürostuhl für Deinen Rücken Gift ist, Du das aber hinnimmst.

Das sind nur Beispiele, doch wie Du siehst, lassen sich diese unbewussten Moves auf Dinge zurückführen, die das Gegenüber "herauslesen" kann.
Wir leben in einer Welt, in der Daten mehr Geld wert sind als Gold. Auch wir Menschen können uns in Daten-Einheiten zerlegen. Du brauchst 17 Gesichtsmuskeln, um ein Lächeln zustande zu bringen. Mit den Augen nehmen wir 70 Prozent aller uns wichtigen Informationen auf. Pro Sekunde laufen 10

Billiarden Prozesse in unserem Gehirn ab. Unser komplettes Gefäßsystem umfasst eine Länge von 100.000 Kilometern. Unser Körper ist aus 30 verschiedenen chemischen Elementen zusammengesetzt, dessen Rohstoffwert umgerechnet gerade einmal 10 Euro wert wäre. Die menschliche Nase kann eine Billion verschiedener Duftnoten unterscheiden.
(Daten aus www.lifeline.de - das Gesundheitsportal, 2020)

Allein mit diesen Fakten lässt sich ein sehr angeregtes Gespräch aufbauen, aber worauf ich hinauswollte: wir sind berechenbar - zumindest bis zu einem gewissen Grad.

Hat Dein Gegenüber eine ablehnende Haltung? Die muss gar nicht unbedingt als solches gemeint sein, sondern kann skeptische Zurückhaltung bedeuten, weil die Person schüchtern ist oder unsicher oder erst einmal abwarten will, was da kommt.

Aber dies nur am Rande – denn für diese Tools, die Du in jedem gängigen Rhetorik-Seminar erlernen kannst, gibt es auch bereits unzählige Bücher.

Betrachten wir stattdessen lieber eine sehr gängige und sehr schlimme Krankheit...

9. Das Aschenputtel-Syndrom

Ich kann nur hoffen, dass die kommenden Generationen nicht mit diesem Film aufwachsen müssen. Die Story kurz erläutert: "Teenager wird zu Hause von Stief-Familie gemobbt, Vater lebt in Co-Abhängigkeit und wehrt sich nicht. Als der Wunsch nach Freiheit übermächtig wird, kündigt der zukünftige König ein Speed-Dating an und lädt alle Mädels ein. Teenager will auch, darf aber nicht, trifft aber den Prinz durch Zufall im Wald incognito.

Durch ein wenig Magie schafft es der Teenager doch zur Party, gewinnt die Gunst den Prinzen, muss aber vorzeitig das Geschehen verlassen, um nicht aufzufliegen. Der verzweifelte Prinz sucht überall nach dem geliebten Teenager, nur anhand eines verlorenen Schuhes findet er diesen, eingesperrt in einem Turm und mit größter Freude nimmt dieser den Teenager als Partner."

Vielleicht braucht dieser tschechische Klassiker nur endlich einen nicht-binären Reboot, um zeitgemäß und endlich wieder pädagogisch sinnvoll zu werden! ;-)

Ich bin mir immer noch sicher: wenn sie nur noch ein wenig mehr Zeit gehabt hätte, wäre das Aschenputtel durchaus in der Lage gewesen, sich selbst zu befreien – aber nun gut. ;-)

Diese Geschichte geht auf Charles Perraults zurück, der sie im Jahre 1697 geschrieben hatte und im Original heißt sie *„Cendrillon ou la Petite Pantoufle de verre"* (*Aschenputtel oder der kleine Glasschuh*), weswegen die Disney-Variante lieber Cinderella genannt wurde.
Seit über dreihundert Jahren wird dieses Gift in die Köpfe junger Menschen gestreut und sorgt dort für einen utopischen Traum eines Seelenverwandten, den es unbedingt zu finden gilt.

Dabei sollten wir doch lieber daran arbeiten, uns selbst zu lieben und uns zu einen tollen Menschen zu machen, anstatt die Bestätigung im Außen zu suchen!

Falls Du trotzdem weiter suchen willst, finden wir im Folgenden ein paar gute Hinweise...

9.1. Wie sich die Spreu vom Weizen trennen lässt

Das Aschenputtel kniete sich vor den Herd in die Asche und wollte anfangen zu lesen, als zwei weiße Tauben durchs Fenster flogen und sich neben die Linsen auf den Herd setzten; sie nickten mit den Köpfchen und sagten:

„Aschenputtel, sollen wir Dir helfen, die Linsen zu lesen?"

„Ja!", antwortete dieses: „Bitte die schlechten ins Kröpfchen, die guten ins Töpfchen."

Und pick, pick! pick, pick! fingen sie an und fraßen die schlechten weg und ließen die guten liegen. Nach einer Viertelstunde waren die Linsen bereits so rein, dass auch nicht eine falsche darunter war, und Aschenputtel konnte sie alle ins Töpfchen streichen.[1]

Auch wenn Turteltauben hübsch anzusehen sind, helfen sie uns beim Daten eher weniger. Praktisch wäre das natürlich – diesen Job können womöglich beste Freunde erledigen, aber

---

1   Aschenputtel (1812) – Wikisource (von den Gebrüdern Grimm)

ich fürchte, weil sie Menschen sind, ist deren Treffsicherheit nicht zu hundert Prozent gegeben, leider.

Auch die Gebrüder Grimm selbst waren nur zur Hälfte in diesem Bereich erfolgreich. Wilhelm heiratete 1825 sein „Dortchen", doch Jacob wohnte bis zu seinem Tod bei ihnen als Single mit im Haus. Nicht ein einziger Kuss seinerseits ist überliefert, die Leidenschaft für die deutsche Sprache überwog die Sehnsucht nach Zweisamkeit.

Aschenputtel dagegen hatte es einfach – direkt der erste Typ, der ihr gefällt, ist ein Match! Keine Datingphase nötig, denn nachdem der Prinz sie wiederfindet, folgt direkt der Heiratsantrag. Heutzutage gibt es für so etwas Fernseh-Shows, empfehlen möchte ich diese allerdings nicht!

Doch wie trennen wir nun die Spreu vom Weizen? Das kommt etwas drauf an, wie wir das Ganze angehen. Dating-Portale wie Tinder, OkCupid und Facebook Dating nehmen Dir einige Arbeit ab, in dem sie Dein Profil mit vielen anderen vergleichen und Dir dementsprechende Matches aufgrund von Gemeinsamkeiten anzeigen.

Allerdings bedeutet ein Match noch lange nicht, dass ein Date automatisch zum gewünschten Erfolg führt. Die Algorithmen, die versuchen, Amor zu spielen, können nämlich eine Sache nicht mit einberechnen: unsere Sinne!

Wir erinnern uns an den „Gut auf dem Papier"-Typen aus der Serie „Sex and the City", der letzt-endlich für einen Biker mit Lederjacke eingetauscht wurde. Nur weil der ausgesuchte Dating-Partner rational gesehen der Passende zu sein scheint, wird unsere Intuition womöglich ganz anders urteilen.

→ Kannst Du ihn gut riechen?
→ Gefällt Dir sein Parfum?
→ Wie fühlt sich seine Haut an?
→ Kannst Du seinem Blick standhalten?
→ Spürst Du im Magen ein leichtes Flattern?

Auf diese Sinneseindrücke kann auch eine Plattform wie ElitePartner keinen Einfluss nehmen, egal wie viel Geld Du ihnen hinterher schmeißt.

Unsere zuvor gesetzten Standards helfen uns natürlich dabei, eine natürliche Selektion vorzunehmen. Wer nicht bereit ist, unsere Werte zu achten, fliegt automatisch aus dem System. Und ich mag die Freunde noch einmal anführen – sofern Du gute hast, denen Du vertrauen kannst und die Dich richtig gut kennen, werden schon von sich aus die Lippen kräuseln, wenn sie das Gefühl haben, das könnte nicht passen.

Natürlich solltest Du selbst entscheiden, ob Du deren Urteil annimmst oder lieber nach Deinem eigenen Bauchgefühl gehst.

Solange Du nicht auf Prince Charming reinfällst…

9.2. Finger weg von Prinz Charming!

Nur zu gerne lassen wir uns blenden. Der strahlende Ritter in weißer Rüstung, der für uns die Welt erobert, den Drachen tötet und uns befreit.

Der Animations-Franchise "Shrek" hat uns herrlich gezeigt, dass dieses Klischee-Denken völliger Blödsinn ist und unser Hirn unnötig benebelt. Die gute Fiona befreit sich stumpf selbst. Die Drachendame ist missverstanden und gar nicht böse. Und Prinz Charming ist ein Narziss, der nur einen hoch kriegt, wenn er vorm Spiegel steht. Ansonsten ist er dumm wie Brot, ein Muttersöhnchen, der lieber andere für sich arbeiten lässt, als sich selbst die Finger schmutzig zu machen. Nur, weil er gut aussieht, ist er eben dadurch kein guter Fang - sondern eher ein Troublemaker sondergleichen.

Mal ganz davon abgesehen, ist diese Story von Aschenputl bzw. Cinderella langweiliger binärer Müll und gehört verboten als billige Gehirnwäsche für kleine Kinder, die sich noch nicht wehren können! Komischerweise gibt es keine Warnhinweise auf dieser Art von Filmen. Das müsste aber unbedingt!

Denn genau diese altbackenen Plots sorgen dafür, dass sich Menschen außerhalb des binären Systems schlecht und fehl am Platz fühlen. Ein Transmensch kann sich mit dem jeweils anderen Geschlecht identifizieren und kommt trotzdem mit der Story klar. Dann dürfen die Eltern nur nicht den Fehler machen, den Transmann in die Kleider der Prinzessin zu stecken und umgekehrt wird der geborene Prinz als Transfrau lieber das Schicksal des gemobbten Aschenputl annehmen wollen.

Doch wie empfinden die Menschen, die ganz andere Geschlechteridentitäten haben, solche Storylines? Sind sie angewidert? Verstehen sie die Problematik überhaupt? Oder geht es ihnen wir mir die meiste Zeit? Fühlen sie sich wie Aliens, die keinen Bezug zu solchen Banalitäten besitzen? Die sich mehr Sorgen darum machen, dass die Tauben nicht an der falschen Ernährung sterben. Die sich wundern, warum die eigentlich nachtaktive Eule nur am Tage zu sehen ist. Und die hoffen, dass die armen Tiere, die mit Pfeil und Bogen erlegen wurden, nicht wirklich gestorben sind.

Wenn schon solche Filme, dann wenigstens solche wie "My big fat Greek wedding" - der ist super lustig und zieht sich selbst durch den Klischee-Kakao. Darüber können wir alle lachen.

Oder „Isn't it romantic?" mit Rebel Wilson, die nach einem Unfall in einer Loop-Welt gefangen ist, die wie eine romantische Komödie aufgebaut ist. Sie gelangt erst heraus, als sie anfängt, sich selbst zu lieben. Das ist die Richtung, die die Macher in Hollywood mehr in den Vordergrund rücken müssten!

Aber brauchen wir überhaupt noch Happy ends?

9.3. Die Hochzeitsglocken läuten nicht mehr

Seit die Pandemie auf unserer Bildfläche erschienen ist, wird weniger geheiratet. Das liegt aber nicht daran, dass die Leute nicht wollen, sondern weil es für einen langen Zeitraum nicht möglich war, die dafür nötigen Leute in einem Raum zu vereinen.
Wer will schon gerne mit Mundschutz und eineinhalb Metern Abstand in den Hafen der Ehe einfahren? Ohne Freunde und Family und Umarmungen.

Aber wer will überhaupt noch heiraten? Das Konzept der Ehe ist in meinen Augen weit überholt und nicht mehr zeitgemäß. "Wie in guten als auch in schlechten Zeiten" finde ich sinnvoll und achtenswert - bis dass der Tod Euch scheidet lädt in meinen Augen eher dazu ein, Arsen in die Suppe zu mischen oder die Messer zu wetzen. ;-)
Es wurde in unserer Welt auch zu sehr mit der Institution Ehe betrogen. Es gibt Länder, in denen Mädchen mit 12 an 40-jährige verheiratet werden. Es wird dafür genutzt, um das Visum eines fremden Landes zu bekommen. Menschen werden in Zwangsehen gesteckt und sind dann gebunden an jemanden, der ihnen unter Umständen weder Liebe noch

Achtung entgegenbringen kann. Und häufig genug wird ein Ehepartner ermordet aufgefunden - schaut auf Youtube zu dem Thema gerne mal "True Crime Daily"!

Wenn Du in der DatingWorld jemanden gefunden hast, mit dem Du den Rest Deines Lebens verbringen willst, ist das super und freut mich sehr.

Wenn Du dieses Glück mit einer Zeremonie besiegeln willst, bin ich auch direkt dabei und helfe mit - aber lass dieses grässliche Wort mit drei Buchstaben dabei weg.

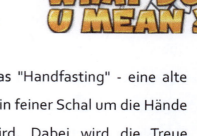

Es gibt andere Mittel und Wege:

→ Im Neopaganismus gibt es das "Handfasting" - eine alte traditionelle Zeremonie, in dem ein feiner Schal um die Hände der Liebenden geschlungen wird. Dabei wird die Treue geschworen und die Vertrauten sind mit dabei.

→ In Frankreich gibt es eine vertragliche Absicherung für Paare, die alle ehelichen Zugeständnisse wie gemeinsam Steuern zahlen, die Absicherung des Partners und Sorgerecht der Kinder beeinhaltet: der "Pacte Civil de Solidarité".

→ Und ganz alternativ gibt es eben auch noch die "Hexentrauung" der Wicca-Religion. Im Internet kannst Du nach dem passenden Zeremonienmeister suchen. Diese Art der Hochzeit ist etwas spezieller, aber eine weitere Möglichkeit, vor allem, wenn Dir eine Göttin lieber ist als ein Gott. ;-)

Überlege Dir gut, wie Du die Zukunft mit einem Partner gestaltest. Eine Scheidung kann sehr teuer werden - und grausam sein und verdammt weh tun (als Serien-Empfehlung „Divorce"). Sie kann sich vor allem über Jahre hinziehen, wenn es ganz schlecht läuft.

Überstürze nichts, rede viel mit Deinem Partner darüber und erst, wenn ihr wirklich sicher seid, dass es funktionieren wird, können entsprechende Planungen stattfinden.
Eine Ehe lässt sich durchaus mit einem Tattoo vergleichen - in den meisten Fällen ist die Tätowierung allerdings hübscher, hält länger und lässt sich schmerzfreier entfernen. ;-)

**Aber zu diesem vermeintlichen Ziel
müssen wir zuerst hin arbeiten...**

10. Vom Date zum Relationship

Wie kommen wir denn überhaupt in die Richtung einer festen Partnerschaft? Welche Schritte müssen wir einleiten, um der DatingWorld adieu zu sagen? Und wie bereiten wir unseren Datingpartner auf diese langfristige Veränderung vor?

Auch wenn der Übergang von einem Status zum Nächsten fließend sein kann, ist es für die Transparenz einer Beziehung durchaus von Vorteil, diesen Wandel in ein festes Stadium verbal zu kommunizieren. Und zwar nur untereinander – es ist nicht nötig, es bei Instagram zu posten. ;-)

Bist Du überhaupt schon **ready 4 the next step?** Ist die Zweisamkeit das Gesuchte und sind dir Alternativen lieber? Über das Thema „Polyamorie" haben wir noch gar nicht gesprochen.

Es ist durchaus erlaubt, mehrere Partner zu haben. Das kann als Triade mit drei Leuten funktionieren, ist aber auch mit vier und mehr Personen möglich.

Vier wesentliche Eigenschaften sind hierbei super wichtig:

1. **Ehrlichkeit/Transparenz**

(Poly ist nicht „Betrügen")

2. **Gleichberechtigung/Konsens**

(Poly ist nicht patriarchale Polygynie)

3. **Erotische Liebe mit mehr als einer Person über einen bestimmten Zeitraum hinweg**

(Poly ist mehr als Freundschaft/Poly ist nicht Monogamie)

4. **Langfristige Orientierung**

(Poly ist prinzipiell nicht Swinging)

Solltest Du eine solche Beziehungsstruktur anstreben, kommt eine noch größere Herausforderung auf Dich zu, als ursprünglich gedacht: Polyamorie ist in unserer Gesellschaft noch die Ausnahme und wird ethisch nicht überall gern gesehen. Was einer gewissen Ironie birgt, denn die heutige Form der Monogamie, wie wir sie kennen, ist noch recht jung. Sowohl Abend- als auch Morgenland haben andere Traditionen, die sich über tausende von Jahren gehalten haben.

Falls Du mehr Informationen zu diesem Thema haben möchtest, empfehle ich dir folgende Website:

https://www.polyamorie.ch

10.1. Was kommt nach der Dating-Phase?

Du wirst im Laufe eurer Datingphase womöglich feststellen, dass es sich irgendwie richtig anfühlt, die nächste Stufe zu erklimmen. Ohne es zu merken, verbringst Du mehr Zeit mit dieser einen Person, lehnst weitere Dates mit anderen Interessierten ab. Und spätestens, wenn Deine Freunde bei Dir anrufen und sich beschweren, dass sie Dich nicht mehr zu Gesicht kriegen – dann wird es ernst.

Ihr nehmt euch gegenseitig zu Veranstaltungen mit und der Gastgeber rechnet nicht mehr mit einem anonymen Plus One, sondern weiß den Namen Deiner/s Auserwählten.
Übernachtungen beim jeweils anderen sind eher die Regel, vielleicht gibt es sogar eine feste Kaffeetasse und die Zweit-Zahnbürste ist längst eingezogen.

Spätestens, wenn Dir die Eltern vorgestellt werden, müssen bei Dir die Alarmglocken klingeln – und zwar im positiven Sinne: denn das bedeutet, dass Du nicht mehr irgendjemand bist! Du spielst im Leben des anderen eine wichtige Rolle und damit steigen auch die Erwartungen an Dich.

Regelmäßiges Hören- und Sehenlassen wird zur Pflicht, falls nicht anders abgesprochen. (Gerade wenn ihr nicht in der gleichen Stadt wohnt, ist das sehr wichtig, um nicht aneinander vorbeizuleben.)

Vielleicht überlegst Du sogar schon, Deinen Wohnungs-/ Hausschlüssel nachmachen zu lassen? Übrigens ein Schritt, der gut durchdacht sein will! Sollte es wieder Erwarten doch wieder in die Brüche gehen, willst Du nicht, dass Dein Ex jederzeit in Dein Zuhause eindringen kann. Wer an dieser Stelle den Kopf schüttelt, kann sich gerne mal die Serie „Divorce" mit Sarah Jessica Parker anschauen. Das kann schon richtig ugly werden! ;-)

Aber ich will Dir an dieser Stelle keine Angst machen! Noch ist ja alles gut – schauen wir uns doch an, was passiert wenn sich die rorarote Brille auflöst und der Alltag die erste Verliebtheit verdrängt...

10.2. Das Erwachen nach Ablegen der rosaroten Brille

Laut dem 2014 verstorbenen Paartherapeuten Roland Weber gibt es **5 Phasen einer Partnerschaft.**

Die Verliebtheit mit den Schmetterlingen im Bauch, dem Funkeln in den Augen, nervtötendes Grinsen im rosig leuchtenden Gesicht und das Gefühl, endlich was Tolles gefunden zu haben.
Diese Phase hält im Normalfall leider nur drei bis achtzehn Monate. Erstaunlicherweise ist direkt danach schon Schluss und auch ich kenne das von mir selbst. Die Endorphine lassen sich nicht mehr hochpushen – stattdessen sorgt das Kortisol für Streit: was wir vorher toll fanden, macht uns jetzt richtig aggro! Wir entdecken neue Facetten, die uns so gar nicht gefallen wollen. Und zu unserem Erschrecken reagiert unser Partner genau so und eine innere Stimme stellt plötzlich die Frage, was wir uns denn bei dieser Wahl gedacht haben?

Aber erinnere Dich, was Samantha zu Charlotte in Kapitel 1.3 sagt! Die kleine Stimme kann auch gegen Dich arbeiten und schlimme Manipulationsarbeit leisten, dessen Ergebnis sich nur schwer wieder rückgängig machen lässt.

In der zweiten Phase macht die Verliebtheit Platz für die Liebe, nur sehen wir das nicht, weil wir nicht reflektiert genug mit uns und dem Partner umgehen.

Die ersten Masken fallen. Wo vorher der smoothe Filter alles weichgezeichnet hat und noch ein paar glitzernde Sternchen hinzugefügt hat, kommt nun die Realität zum Tragen: ungeschönt und in 4K. Wer gibt schon gerne zu, dass er/sie/es mit jeder Menge Ecken und Kanten gesegnet ist?

Der einfache Weg könnte jetzt sein, die Reißleine zu ziehen und sich fluchtartig zurück in das Single-Dasein zu stürzen. Du hörst aber schon an meiner Wortwahl, dass diese vorschnelle Idee sehr gerne von Reue abgelöst wird. Und dann?

Je nachdem, wie lange Du brauchst, um Deinen Fehler einzusehen, können Deine Chancen bei 50:50 stehen, ob Dein Partner Dich zurücknimmt. Dir muss aber bewusst sein, dass es sehr schwierig sein kann, das Vertrauen wieder aufzubauen. Im Hinterkopf des anderen schwebt jetzt immer die

Angst, in welch schwierigen Situation das nächste Mal wegrennst.

Denn die nächste Phase in eurer Beziehung ist wohl mit die Schwierigste! Ihr beide braucht Nerven wie Stahlseile: die „Bekämpfung der Gegensätze" ist wahrlich eine Herausforderung.
Hier werden Grenzen ausgelotet und auch gerne mal überschritten. Machtspielchen schleichen sich ein, um zu schauen, wer im Kampf um die Kontrolle die Oberhand behält. Wer glaubt, das wäre sonderlich gesund, liegt falsch. Es kann durchaus hässlich werden, die tiefen Abgründe des Partners zu entdecken und selbst zu erleben, wie der Blick in die eigene Seele den anderen erschüttern kann.

In diese Phase passt der Titel einer bekannten RTL-Telenovela sehr gut: „Gute Zeiten, schlechte Zeiten". Ich erinnere mich noch an die allererste Folge – mit dem hübschen Andreas Elzholz, den einfach alle toll fanden. Der hat seine große Liebe und Ehefrau Denise Zich übrigens an eben diesem Set der Serie kennengelernt. Laut Statistik[2] gaben im Jahr 2016 ganze 38 Prozent der teilnehmenden Befragten an, sich am

---
2 https://de.statista.com

Arbeitsplatz verliebt zu haben.

Die dritte Phase durchzuhalten, lohnt sich aber.

Warum?

Das ergründen wir im nächsten Kapitel...

10.3. Wo führt das Ganze eigentlich hin?

Gemeinsam durch viele Höhen und Tiefen zu gehen, schweißt zusammen. Die Fassaden sind gefallen, jegliche Schutzmauern liegen zertrümmert am Boden, eure Herzen liegen frei, selbst die Labyrinthe eurer Seelen könnt ihr mittlerweile im Schlaf ablaufen.
Die „vollständige Akzeptanz" ist das Ergebnis einer langen Reise, dessen Stolpersteine aus dem Weg geräumt wurden und nun akkurat zu einer starken Beziehungsfestung aufgetürmt neben euch steht.

Auf dieser unerschütterlichen Basis kann nun die nächste Phase beginnen: ich nenne ihn den **„Katalysator"**. In der Chemie bezeichnet man damit einen Stoff, der die Reaktionsgeschwindigkeit einer chemischen Reaktion beeinflusst, ohne dabei selbst verbraucht zu werden.

Du bist mit Deinem Partner zur Einheit verschmolzen, die nun die Stärke besitzt, den jeweils anderen zur Höchstleistung zu pushen. Ich denke dabei an Leo und Piper aus der Serie „Charmed – Zauberhafte Hexen". An ihrer Seite schafft er so viel Gutes, dass aus einem Wächter des Lichters einer der wichtigsten Ältesten wird. Im Gegenzug kann sie dank seiner Zuversicht die bösesten Mächte ihrer Zeit bekämpfen, mehr als einmal die Welt retten und schafft es trotzdem am Ende der Serie, ihren Traum vom eigenen Restaurant in die Tat umzusetzen.

Du siehst, auch wenn der Weg bis hierhin ein langer zu sein scheint, lohnt es sich. Ab hier könnt ihr richtige Pläne für die Zukunft machen – vielleicht ein schönes Haus finanzieren oder selbst bauen. Eine Familie gründen oder was euch jeweils so vorschwebt. Ab jetzt gibt es kaum noch Grenzen; sofern eure Beziehung beständig ineinander greift, könnt ihr ab jetzt Level nach Level bestehen und braucht nicht einmal Angst vor dem Endgegner zu haben.

Damit einher geht natürlich die letzte und, wenn ihr viel Glück habt, auch die längste Phase: **der Weg zur wahren Liebe!** Jetzt könnt ihr die Früchte ernten, dessen Bäume und Sträucher ihr in den vorangegangenen Bereichen ausgesät und angepflanzt habt.

Zwar wird die Arbeit an eurem Fundament nie aufhören, aber mit Verständnis und jeder Menge Geduld wird es immer leichter werden.

Aber da müsst ihr erst einmal hinkommen...

11. Freundschafts-Feedback-Drama

Nicht jeder wird Dir dieses Glück gönnen. Eine These, die ich nur ungern in den Raum werfe. Wie gerne möchte ich glauben, dass alle Menschen in unserem direkten Umfeld uns nur das Beste wünschen.

Leider sind Neid, Missgunst und die damit einhergehende Eifersucht nicht nur allgegenwärtig, sie schwelen vor allem im Verborgenen und warten nur darauf, im richtigen Moment den passenden Seitenhieb auszuführen.

Es ist ein großer Schritt, den zukünftigen Partner in den eigenen Freundeskreis einzuführen.

Vieles kann dabei schief gehen:

→ Deine auserwählte Person kann mit Deinen Leuten nichts anfangen

→ Deine Leute fragen sich, wen oder was Du da angeschleppt hast

→ **worst-case:** beide Seiten sind sich einig, dass es keine gemeinsame Schnittmenge gibt

Und ein weiterer Faktor kommt hinzu, falls es doch gut laufen sollte: finden Deine Freunde gefallen an dem mitgebrachten Menschen und die Beziehung hält leider doch nicht, bist Du die böse Person! Weil Du Dich nicht mehr angestrengt hast, diese Person in Deinem Leben zu halten – *es ist dabei relativ egal, warum ihr auseinander gegangen seid.*

Ich habe mal nach einem unglücklichen Ausgang der Partnerschaft den Großteil meines damaligen Freundeskreises an meinen Ex abtreten müssen, weil diese lieber zu ihm als zu mir gehalten haben. Eine harte Lektion, die gutes Lehrgeld gebracht hat.
Natürlich habe ich weiterhin Datingpartner mit meinen Leuten bekannt gemacht, aber ich habe im Vorfeld meine Friends noch einmal genau unter die Lupe genommen. ;-)

Tut mir den Gefallen und werde nicht zu diesen Menschen, die ihre Wahlfamilie vernachlässigen, nur weil sie kein Single mehr sind!
Das sehe ich fast schon als Todsünde und kann sich böse rächen. Daher betrachten wir diesen erlesenen Kreis noch etwas genauer...

11.1. Die Meinung des BFF

Wir können im Leben auf vieles verzichten, wie die Pandemie uns deutlich gezeigt hat: auf Shoppingtouren, große Partys, Restaurantbesuche und selbst das Reisen geht auch mit Gedanken sowie Google Maps!

Der Mensch als soziales Wesen kann aber ganz sicher auf eines nicht verzichten: auf den „Best Friend Forever"! Dieses eine Wesen auf dem Planeten, das uns blind versteht, uns so liebt wie wir sind, mit uns durch Dick und Dünn geht und uns jeden Tag aufs Neue inspiriert.

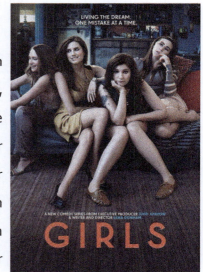

In der Serie „Girls", die nicht nur von Lena Dunham kreiert wurde, sondern in der sie auch die Hauptrolle spielt, wird immer wieder deutlich, wie sehr sie von der Meinung ihrer besten Freundin abhängig ist. Und trotzdem geraten gerade diese beiden immer wieder in Konflikt, der sogar so weit geht, dass es ihnen nicht mehr möglich ist, zusammen zu wohnen. Doch die Hauptdarstellerin „Hannah" begreift schnell, dass die räumliche Distanz nichts daran ändert, dass sie ihre BFF braucht.

„Marnie" ist ihr Name und sie macht schon am Anfang der Serie deutlich, dass sie nichts von dem Typen hält, den Hannah datet. Dabei hat sie Adam weder getroffen, noch weiß sie, wie er aussieht. Ein Punkt, wo ich der eigentlich grandiosen Autorin dieser Geschichte, Lena Dunham selbst, ins Gewissen reden muss:
Obwohl Hannah die ganze Zeit über diese merkwürdige Situation mit Adam spricht, zeigt sie Marnie zu keiner Zeit ein Foto? Das kann ich mir in unserer Zeit mit dem sozialen Medien kaum vorstellen. Sobald wir auch nur in die Nähe eines halbwegs präsentablen Fotos kommen – und wenn wir das selbst machen müssen – schicken wir das den überlebenswichtigen Menschen weiter!

Eine der krassesten Szenen der ersten Staffel ist der Moment, in der Marnies Freund das Tagebuch derer besten Freundin in die Hände bekommt und erfährt, wie seine Angebete wirklich über ihn denkt. Keine Sekunde denkt er, die

BFF könnte sich das ausgedacht haben – und so schreibt er mit seinem Bandkollegen einen Song darüber. Diesen präsentiert er bei einem Konzert mit seiner Freundin in der ersten Reihe – es ist ein Schlussmach-Song.

Obwohl Marnie ihren Cocktail in Hannahs Dekolleté schüttet, ändert das nichts an ihrer Freundschaft. **Im Gegenteil:** sie lernt durch ihr Singledasein Adam kennen und findet ihn auf seine schräge Art und Weise sogar nett. Nach Marnies Auszug aus der WG will dieser sogar zu seiner großen Liebe ziehen, doch Hannah wagt es, das freie Zimmer an ihren mittlerweile schwulen Ex zu vergeben.

Die Beziehung zu Adam geht dadurch in die Brüche und sie findet Zuflucht in den Armen eines hübschen Mannes, der auf den ersten Blick besser für sie zu sein scheint (Gut-auf-dem-Papier-Typ), bis sie erfährt, dass Elijah (der neue angeblich schwule Mitbewohner) mit Marnie geschlafen hat. Beide hatten das geheim gehalten, doch ein Recherche-Trip auf Kokain lüftete dieses Geheimnis.

Und nach einer heftigen verbalen Battle bleibt die Freundschaft zwischen Marnie und Hannah bestehen, Elijah muss ausziehen und Adam bekommt noch eine Chance.

Von „Girls" gibt es sechs Staffeln. Auch von „Sex and the City" gab es unzählige Episoden und zwei Filme. Bei „Charmed" waren es sogar acht Staffeln und es gab sogar noch einen Change bei den Schwestern.

Ich will damit sagen, dass ihr langfristig planen sollt. Selbst, wenn eure BFF am Anfang skeptisch sein sollte, lasst euch von dieser Meinung nicht sofort endgültig beeinflussen. Kommuniziert, dass ihr die Meinung hört und in Betracht zieht. Aber der beste Freund kann falsch liegen.

Was passiert mit eurer Beziehung, wenn dieses Damokles-Schwert darüber schwebt? Wenn Du daraufhin eine falsche Entscheidung triffst, wird sich womöglich eure Verbindung nie wieder davon erholen.

Es ist ein schmaler Grat: auf die BFF hören und eventuell den Fehler deines Lebens begehen oder nicht auf sie hören und daraufhin diese tiefe Freundschaft für immer aufs Spiel zu setzen.

Zum Glück gibt es ja nicht nur euch – sondern mit Glück hast Du ein ganzes Netz aus herzlich relevanten Menschen am Start...

11.2. Kein Trapez-Tanz ohne Sicherungs-Netz!

Wenn wir uns auf einen anderen Menschen einlassen, gehen wir immer das Risiko ein, verletzt zu werden. Wir verlassen unsere Comfort-Zone und müssen auf lange Sicht auf unsere dicken Stadtmauern verzichten, die wir um unser Herz gebaut haben. **Aber es ist wichtig, dass wir uns trauen.**

Damit es leichter wird, brauchst Du stabilen Rückhalt. Das kann die Familie sein, oder eben auch dieser erlesene Kreis an Freunden, die in Zeiten der Not für Dich da sind. Und die sind mega wichtig!

Wie wir in *Kapitel 10.2* festgestellt haben, können die Phasen einer Beziehung durchaus holprig verlaufen. Es kann sein, dass Du regelmäßig zweifelst, ob das alles noch Sinn ergibt. Genau in solchen Momenten brauchst Du Menschen in Deinem Leben, denen Du genau diese Frage stellen kannst. Ehrliches Feedback ist dann vielleicht überlebenswichtig und gibt Dir neue Kraft, weiter in Richtung Zukunft zu gehen.

Die Metapher des Trapezes für eine Beziehung finde ich sehr passend. Es kostet Überwindung, in die Höhe zu steigen und jede Menge Mut, über das wackelige Seil zu laufen. Seid ihr dort zu zweit, könnt ihr gemeinsam Momente zaubern, für die es jede Menge Applaus geben kann. Und gleichzeitig brauchst Du nur einmal den Fuß falsch setzen und schon geht's abwärts in die Tiefe. **Mit einem guten Sicherheits-Netz aber kein Problem!** Der Fall wird abgefedert und gibt Dir damit die Möglichkeit, wieder hochzuklettern. Denn Aufgeben kann keine Option sein, selbst wenn es mit dem derzeitigen Artisten nicht klappt, wartet Backstage vielleicht schon der Nächste? ;-)

Vielleicht kannst Du mit Deinen Freunden einen Schlachtplan basteln, wie ihr euch gegenseitig aus einem solchen Tief herausholen könnt. Bestellt Euch Pizza und vernichtet dabei einen Karton Rotwein – das fördert eure Bindung und bringt jede Menge Fun!
Mit einer Backup-Strategie im Rücken lässt es sich viel entspannter durch die fünf Phasen der Beziehung turnen und Deine Freunde sind dankbar und helfen gerne, weil sie wissen, dass Du das Gleiche auch für sie machen würdest. ;-)

Und dann beginnt das Trapez wirklich zu wackeln...

11.3. Wenn die bösen Stimmen lauter werden

In der Serie „Divorce" erkennt Frances, dass ihre Ehe zuende ist, als bei einer Party ihre beste Freundin deren Gatten fast erschießt und dieser aufgrund eines Herzinfarktes ins Koma fällt. Wie ein Augenöffner wird ihr klar, dass sie mit ihrem Mann nicht an diesen Punkt kommen will und zieht die Reißleine.

Anfangs kann ihr Partner überhaupt nicht verstehen, woher dieser Gedanke kommt und es dauert fast die ganze erste Staffel, bis er begreift, dass er schon seit längerem mit Scheuklappen gelebt hat. Er hat die bösen Stimmen ignoriert, sie ausgeblendet und überhört. Doch sie befanden sich auch in seinem Kopf, wie er später zugeben muss.

Marnie aus der Serie „Girls" redet die ganze Zeit davon, mit ihrem Boyfriend Schluss zu machen und macht es trotzdem nicht. Letztendlich ist er es, der ihr den Teppich wegzieht, als ihm durch Zufall das Tagebuch ihrer besten Freundin in die

Hände fällt.

Interessanterweise erweist es sich für ihn als Erleichterung, während sie am Boden zerstört war. Die Angst, allein zu sein, scheint für sie viel schlimmer zu sein, als in einer toxischen Beziehung zu stecken. Und den sinnbildlichen Schlag in die Fresse bekommt sie, als er ihr zwei Wochen nach der Trennung seine neue Freundin Audrey vorstellt.

Es bleibt weiterhin die Frage, ob wir auf die inneren Stimmen hören sollten oder nicht. Prinzipiell bin ich immer dafür, auf die eigene Intuition zu hören, denn das bekanntliche Bauchgefühl wird vom Unterbewusstsein gesteuert und verbindet unsere Wünsche, Ideen und Emotionen mit unseren Bedürfnissen.

Gerade letztere sollten wir auf keinen Fall vernachlässigen!

Das nicht Erfüllen dieser kann dazu führen, dass wir krank werden, ohne es direkt zu merken. Häufig passiert das auf psychosomatischer Ebene und kann schnell zu vielen anderen Problemen führen.

Nutzt die bösen Stimme lieber dafür, in den Dialog mit dem Partner zu gehen. Vielleicht hat dieser auch schon festgestellt, dass etwas nicht stimmt. In dem Fall kann ein Gespräch schon dafür sorgen, dass ein Prozess in Gang gesetzt wird, der für eine schnelle Heilung sorgt.

Falls nicht, ist eine Paartherapie vielleicht eine Möglichkeit. Die Chance, eine außenstehende Person auf die Probleme schauen zu lassen, sollte genutzt werden, bevor es bereits zu spät ist. Vielfach scheuen sich die Leute davor, diesen Schritt zu gehen, aus Angst verurteilt zu werden. Der irreführende Gedankengang liegt aber meist der Tatsache zugrunde, dass wir uns selbst bereits verurteilt haben und es uns schwer fällt, das zuzugeben.

Eine meiner Lieblingsfolgen der Serie „Charmed" ist die, in der sich Leo und Piper in eine solche Therapie begeben. Sie erleben mithilfe eines Zauberspruchs ihre bedeutendsten Momente und erkennen dadurch, was sie bereits gemeinsam durchgemacht haben und wie wertvoll diese Erinnerungen für beide sind.

Auch bei „Sex and the City" hilft die Beratung, Miranda und Steve, nach seinem Seitensprung, wieder zusammenzuführen.

Dann fällt mir aber wieder Mallory bei „Grace & Frankie" ein, die am Ende doch auf die innere Stimme hört und sich von Mitch trennt, einfach weil sie spürt, dass es ihr ohne ihn besser gehen würde und die frühe Liebe einfach nicht mehr existierte.

Auch das ist schwer, sich einzugestehen, **aber besser ein Ende mit Schrecken, als ein Schrecken ohne Ende.**

Daher werfen wir noch einen schnellen Blick auf die Möglichkeiten, falls ein Ende doch die mögliche Option wird...

12. Die Sehnsucht des Wieder-Single-seins

Nur zu häufig höre ich von Pärchenteilen, wie neidisch sie manchmal auf ihre Single-Freunde sind. Und diese wiederum wünschen sich nichts sehnlicher als auch endlich der Teil eines Pärchens zu sein.

Ein lediger Mensch hat mehr Freiheiten als ein Mensch in einer Beziehung - so die These, die häufig angeführt wird. Keine Kompromisse, keine Verpflichtungen und vor allem kein schlechtes Gewissen, Dinge zu tun, die mit einem Partner nicht möglich sind.

Das sogenannte **„Secret-Single-Behaviour"** – von nerdig bis schrullig, weird und verschroben. Wir alle haben Spleens, die wir lieben, aber vor anderen niemals freiwillig zugeben würden.

Vielleicht kennen unsere best friends diese, aber sonst niemand, weil sie uns peinlich sind und vor allem, weil sie uns verletzlich zeigen.

Dieses einzigartige Verhalten wird in einer Partnerschaft von Dingen verdrängt, die nur als Doppel gemacht werden können. Double-Dates zum Beispiel. Pärchen treffen sich am liebsten in Kombination mit anderen Pärchen, weil sie sich dann sicherer fühlen.

Single-Freunde werden dagegen seltener eingeladen, vernachlässigt und häufig bewusst ausgeschlossen, um ihnen das eigene Fehlen eines Partners nicht vor Augen bringen zu müssen.

Ein gefährlicher Trugschluss, denn sollte die Beziehung doch nicht halten, sind es genau diese Freunde, die das Sicherheitsnetz unter dem Trapez bilden. Verzichte also lieber nicht auf diese!

Gehen wir vorab lieber noch einmal darauf ein, wie wir das Fallen vom Trapez doch noch verhindern können...

12.1. War vorher doch alles besser?

Es ist wohl nur menschlich, dass wir ab und an nostalgisch zurückblicken und genau das vermissen, was wir nicht mehr haben.

In Zeiten dieser Pandemie sind wir alle nicht davor gefeit und sehnen uns zurück zu diesen Abenden, in denen wir uns mit mehreren Freunden zum Vorglühen getroffen haben, am besten zwei Rom-Coms hintereinander gesehen haben, dabei billiger Alkohol mit jeder Menge Junk food auf den Tisch kam und erst gegen Mitternacht ging es los. In den Clubs war niemand vor uns sicher, vor allem nicht das Tanzpodest auf der größten Fläche.

Diese Selbstinszenierung wird in einer guten Beziehung überflüssig. Der ewig laute Schrei nach Aufmerksamkeit ist nicht mehr nötig, weil da jemand ist, der uns sieht, wie wir sind. Oder eben auch nicht.

Manchmal möchten wir vielleicht gar nicht als Ganzes gesehen werden, sondern möchten gerne eine spezielle Seite herauslassen. Eine, die der Partner in Reinkultur womöglich nie kennengelernt hat, weil er/sie/es unsere Clubzeit verpasst hat. Oder eine erotische Facette, die wir mit dem Partner bisher nicht ausgelebt haben.

Es ist völlig okay, ab und an in diese Stimmung zu fallen. In einer Beziehung gibt es auch immer eine Zeit davor. Ob diese Phasen zwingend besser waren, lass ich lieber kommentarlos im Raum stehen.

Ich würde eher empfehlen, direkt mit Deinem Partner über diese Gefühle zu reden. Vielleicht gibt es noch Fotos aus diesen Zeiten? Es könnte eine amüsante Reise in die Vergangenheit werden, die auf Euch beiden noch einmal ein ganz neues Licht bringen kann.

Und vielleicht merkt ihr dabei,
dass ihr eben anders tickt als andere…

12.2. Das Prinzip der offenen Beziehung

In der queeren Community längst gängige Methode, scheint es in der straighten Szene eher ungewöhnlich, die eigene Beziehung für andere zu öffnen.

Zu lange hat uns die Gesellschaft eingeredet, dass die Monogamie die beste Form für eine Partnerschaft ist. Doch in Zeiten, in denen jede zweite Ehe geschieden wird und es für uns alle viel zu leicht ist, zu flüchten und nach dem next best thing zu suchen, bringt es vielleicht nichts auf das Zweier-Modell zu setzen. Wenn dem Partner einen stärkeren Sexualtrieb hat als Du, warum dann nicht zusätzliche Leute ins Boot holen?

Es gibt unzählige Möglichkeiten, so etwas in die Realität umzusetzen und es lebt von klaren Regeln, die beide miteinander vereinbaren.

Das Vertrauen muss gegeben sein, dass beide dieses neue System einhalten wollen. Und dann müsst ihr euch „nur noch" auf eine Variante einigen, denn der Blog www.gedankenwelt.de stellt sechs verschiedene Varianten vor:

→ **Swinging:**

Bestimmt ist Dir der Begriff des Swingerclubs geläufig – für diese Form der Nicht-Monogamie ist aber nicht zwingend erforderlich, diese offenen Treffpunkte wahrzunehmen. In der Szene gibt es eine ganze Community, die sich auch durchaus gerne im Privaten trifft. (mehr Informationen findest du unter www.swingerclub.eu)

Der Vorteil: Du bist immer mit dabei und kannst Dich weiterhin in die Partnerschaft mit einbringen. Alleine losziehen ist ein Deal-Breaker!

→ **Exklusivität – nur nicht beim Sex:**

Gerade in Schwulen-Kreisen ist dies wohl die gängigste Methode: Für Liebe, Events und Aktivitäten gibt es einen festen Partner, jedoch nicht für den Bereich Sex – hier ist quasi alles erlaubt – sofern es safe abläuft! Je nachdem, wie offen ihr das handhaben wollt, könnt ihr euch von den jeweiligen Sexkapaden erzählen – oder lieber nicht. ;-)

Der Vorteil: Du musst eben nicht zwingend dabei sein! In der

Zwischenzeit kannst Du Dinge machen, die Dir Spaß machen. ;-)

→ **Das liberale Paar:**
Wenn ihr beide in der Beziehung nach mehr Freiheiten strebt, ist diese Form wohl die einfachste. Im Prinzip ist jetzt alles möglich, aber auch hier sind Toleranz und Vertrauen im Vordergrund. Hier bieten sich feste Rituale an, die ihr nur miteinander macht, um sich nicht auseinander zu leben.

Der Vorteil: Wenn ihr jeweils spezielle Vorlieben im Bett habt, die ihr nicht miteinander ausleben könnt, werden diese trotzdem befriedigt, ohne eure Beziehung zu gefährden.

→ **Polyamorie:**
Dieses Thema habe ich in Kapitel 10 schon behandelt. Es ist durchaus möglich, sich in mehr als nur einen Menschen zu verlieben. Eine starke Kommunikation und das Ausdrücken  von Emotionen stehen hierbei im Vordergrund, damit niemand verletzt wird.

Der Vorteil: Für alle, die eine starke affektive Bindung zu mehr als einem Menschen spüren möchten. Sex steht dabei keineswegs im Fokus!

→ Hierarchische Polyamorie:

Hier können mehrere Paar-Konstellationen entstehen, bei denen sich die Gewichtung unterscheidet. Zum Beispiel eine Ehe mit Kindern und dazu zwei sekundäre Partnerschaften. Auch tertiäre Beziehungen sind möglich, auch hier seid ihr frei in der Wahl der Hierarchie – sofern das für die anderen Beteiligten mit dem Gewissen vertretbar ist.

Der Vorteil: Auch deine Partner können die Beziehungen unterschiedlich priorisieren. Mehr Möglichkeiten, übrigens auch in der Erziehungsgestaltung. ;-)

→ Die anarchische Beziehung:

Diese letzte Variante weigert sich, die Definition einer Beziehung auszuleben und findet andere Formen, ein Miteinander zu leben. Hier gibt es keine festen Regeln. Mir fällt hier wieder die Serie „Girls" ein – Adam und Hannah bevorzugen diese Version – zusammen sind sie eine Katastrophe, aber ohne einander können sie auch nicht sein.

Der Vorteil: Vielleicht perfekt für Bindungsphobiker, die sich trotzdem einen Partner wünschen, aber sich weigern, die fünf Phasen einer Beziehung (Kap. 10.2) zu durchleben.

Finde für Dich den Weg, der Dich glücklich macht – und nicht nur für den Moment, sondern langfristig, denn ein starker Rückhalt fördert auch Deine Gesundheit...

12.3. Sorgt Dein Partner für eine bessere Gesundheit?

Mittlerweile ist auch durch mehrere Studien belegt, dass eine dauerhafte Partnerschaft für die eigene Gesundheit durchaus Vorteile mit sich bringt.

Der Thrill des Trapezes im Kombination mit dem Sicherheitsnetz gibt uns Sicherheit, Geborgenheit und jede Menge Möglichkeiten, über unsere Sorgen und Ängste zu sprechen. Wir werden seltener krank und wenn doch, genesen wir schneller. Natürlich nur, wenn es sich um eine gut funktionierende Beziehung handelt!

Für diese positiven Effekte sind Hormone verantwortlich, die wir beim Denken an den Partner* auslösen und natürlich auch bei dessen Anwesenheit ausgeschüttet werden. Die Website www.gesundheitswissen.de stellt vier davon in den Vordergrund:

→ **Phenylethylamin:**
Es lässt die Östrogenwerte ansteigen und sorgt damit für glänzende Haare, rosige Haut und kräftige Nägel. Dieser

Effekt steigert natürlich unsere Attraktivität, was ja nicht schaden kann. Überhöhtes PEA kann aber auch zu Blutdruck und Migräne führen. Also übertreibt es damit nicht! ;-)

→ **Melatonin:**
Es wird durch das Gefühl von Liebe getriggert und baut Stress ab und verzögert den Alterungsprozess. Es wird fast ausschließlich nachts produziert. Dadurch schlafen wir auch besser, was tagsüber wiederum unsere Konzentration steigert und sowohl Partner als auch Arbeitgeber*in freuen sich. ;-)

→ **Dopamin:**
Dieser Botenstoff sorgt für jede Menge Glücksgefühle. Es ist ein Zwischenprodukt bei der Synthese von Adrenalin und Noradrenalin, fungiert aber auch als eigenständiger Neurotransmitter. Dopamin wirkt auf einen Teil des vegetativen Nervensystems, das sich im Rückenmark befindet und als „Sympathikus" bezeichnet wird. Dort wird der Körper in erhöhte Leistungsbereitschaft versetzt, was den Abbau von Energiereserven zur Folge hat. Zudem hemmt Dopamin als Neurohormon die Freisetzung von Prolactin, was in einer Beziehung von Vorteil ist, weil

dieses einkettige Proteohormon die Libido der Frau senkt und sogar die Bildung von neuen Eizellen unterbinden kann. Bei männlichen Wesen kann die Spermienbildung vermindert werden.

Falls ihr in eurer Beziehung zu dem Punkt kommt, an dem ihr eure guten Gene weitergeben wollt, solltet ihr dem Dopamin eine größere Rolle geben. ;-)

→ **Noradrenalin:**

Dieser körpereigene Botenstoff gilt als Verstärker des Dopamins und schärft zudem das Erinnerungsvermögen. Nur zu gerne denken wir zurück und den ersten Dates, die zu etwas Besonderem geführt haben. Dabei können wir uns häufig noch an die Kleidung erinnern, an Gerüche, Geräusche und vieles mehr.

Es steigert aber auch den Blutdruck, also lieber für diejenigen gering halten, die an Herzproblemen leiden. Du willst ja Deinen Partner bis zur letzten Beziehungsphase behalten, oder nicht?

Hierfür möchte ich noch eine Website empfehlen, die mir sehr geholfen hat, die Arbeit dieser Hormone besser zu verstehen:

https://flexikon.doccheck.com

13. Goodbye, Datingworld!

Egal, wie jung Du bist, von der Sitcom „Friends" hast Du zumindest gehört und/oder Netflix hat Dir diese Serie vorgeschlagen.

In den zehn Staffeln geht es nicht um Freundschaft, sondern auch vermehrt um das Thema Dating-World. Auch wenn die modernen Apps hierbei keine große Rolle spielen, weil diese Saga in den 90igern spielt, bleibt sie, was die Themen angeht, bis heute hochaktuell.

Alle meine bisherigen Kapitel spielen in dieser Serie eine Rolle und zwar massiv – wenn auch häufig komödiantisch überspielt. Sexuelle Orientierung, Gender identity (und den Begriff gab es damals noch gar nicht), jede Menge Ängste und das Fehlen von kommunizierten Standards werden hier detailliert aufgegriffen.

Wenn Du, wie das Kapitel vermuten lässt, die DatingWorld gerade verlässt, hoffe ich sehr, dass Du mithilfe dieses Buches einen Grundstock an Selbstsicherheit aufbauen konntest. Du weißt jetzt, worauf Du Dich beim Daten einlässt, kennst viele verschiedene Arten von Menschen, die Dir dabei begegnen können und hopefully hast Du einen Plan, wie Du mit deren Ecken und Kanten umgehen kannst.

→ Willst Du eine „Rachel" daten, die durch ihre Marotten super liebenswert ist, aber ihre Probleme hat, sich selbst wertzuschätzen und der es schwerfällt, ihr Aschenputtel-Syndrom zu durchbrechen?

→ Interessiert Dich ein „Chandler", dem es schwerfällt, sich zu binden, im Herzen noch ein Kind ist, weil die Scheidung seiner Eltern ihm seine Jugend genommen hat?

→ Möchtest Du lieber eine „Phoebe", die in ihrem Leben mehr durchgemacht hat, als Deine ganze Familie zusammen? Trotzdem strotzt sie so derart voller Liebe, Zuversicht und gesunder Naivität, dass Du sie einfach lieben musst?

→ Oder reizt Dich eher ein „Joey", der super attraktiv ist, genau weiß, wie er seine Reize einsetzen muss, gleichzeitig an seiner Intelligenz zweifelt, aber das Herz am rechten Fleck hat auch wenn er nicht immer weiß, wo rechts ist?

→ Was ist mit „Monica"? Nach einer schweren Jugend ist sie endlich dünn und sexy, dafür neurotisch und eine Sauberkeitsfanatikerin? Sie will für alle nur das Beste und vergisst darüber hinaus zu gerne, was das Beste für sie wäre und gerät dadurch gerne in Trouble.

→ Den Abschluss finde ich mit „Ross", der so herrlich schwermütig daherkommt, auf dem ersten Blick voll im Leben steht, aber beim genaueren Hinsehen keinen Plan vom Zwischenmenschlichen hat. Er weiß es immer besser, ohne das wirklich Relevante wirklich zu wissen.

Allein aufgrund dieser kurzen Beschreibung wirst Du gemerkt haben, warum diese Serie so gut funktioniert hat. Ich brauche dafür einen Titel eines sehr genialen Romans von Kerstin Gier: „Gegensätze ziehen sich aus."
Wenn Dein Sicherheitsnetz aus einem solch diversen Freundeskreis bestehen sollte, dürfte es kein Problem sein, einer blühenden DatingWorld zu entkommen, sofern Du es wagst,

die voran gegangenen Kapitel zu beachten.

Ich wünsche Dir nur das Beste beim Daten und wenn Kuriositäten dabei sind, dann scheue Dich nicht davor, mir davon zu erzählen! Ich habe weit mehr Möglichkeiten als Carrie Bradshaw, eine Person in der Öffentlichkeit zu denunzieren. :-)

Wenn Du im Laufe Deiner fünf Beziehungsphasen Fragen an mich hast, kannst Du sie jederzeit auch per Facebook und Instagram stellen, die ich natürlich als PM beantworte!

Ich hoffe, spätestens an dieser Stelle ist klar, dass dieses Buch nicht möchte, dass Du dauerhaft in der DatingWorld bleibst! Du bist immer gern in ihr willkommen, aber ich freue mich natürlich mega hart mit Dir, wenn Du sie verlässt.

Und ich weiche auch nicht von Deiner Seite, wenn es beim ersten Anlauf nicht direkt klappt – ich kann in dem Fall nur wieder Carrie Bradshaw erwähnen! Sechs Staffeln plus zwei Filme in Überlänge, damit sie ihr Happy-end kriegt!
Und jetzt kommt sogar noch eine zusätzliche Staffel, in der wir sehr gespannt sein können, wie diese Geschichte weiter-

geht!

„And just like that..." (so heißt die Staffel) kann sich alles wieder ändern. Es bleibt eben ein dynamischer Prozess, an dem Du arbeiten musst und/oder kannst.

Aber darin liegt der Vorteil dieses Buches: egal, an welcher Stelle dieser Seiten Du abbrichst – Du kannst jederzeit vorne wieder anfangen...

Danksagung

An dieser Stelle danke ich dem Internet. Vor zwanzig Jahren hätte ich dieses Buch nicht schreiben können – einfach aus der Tatsache heraus, dass ich an 95 Prozent der Informationen nicht herangekommen wäre. Ohne Social media, vor allem Youtube und Instagram, wäre mir viel Wissen versperrt geblieben. Danke für die all die queeren Influencer, die für mehr Visibility ihr Bestes geben.

Ich danke auch wieder der Pandemie, die mir die Zeit geschenkt hat, um dieses Buch fertigzustellen. Unter normalen Umständen hätte ich viel länger gebraucht. Auch wenn diese Krankheit viel Leid in die Welt getragen hat, sorgte sie eben auch dafür, dass wir gezwungen waren, uns zu entschleunigen. Und sie brachte auch viele neue Wege, auch dafür bin ich dankbar.

Ein fettes Dankeschön geht an Barbie Breakout, die mir mit ihren Podcasts „Tragisch, aber geil" und „2 old 2 die young" jede Menge Input gegeben hat und dessen Stimme ich einfach immer wieder gerne höre.

Bisher über www.bod.de erschienen:

→ Männergeschichten:
Kurzgeschichten voller Testosteron
ISBN: 978-3-741265-37-2

→ Im Bann der Engel
Coming-of-Age-Roman
ISBN: 978-3-741252-82-2

→ Im Innern meiner Seele
Ein Liederbuch
ISBN: 978-3-741276-98-9

→ Anonym
Ein Ostfriesland-Krimi
ISBN: 978-3-741279-33-1

→ Männergeschichten 2
Noch mehr Kurzgeschichten voller Testosteron
ISBN: 978-3-743127-06-7

→ Männergeschichten 3
Noch mehr Kurzgeschichten mit und ohne Testosteron
ISBN: 978-3-748166-13-9

→ Teil-weise
Kurzgeschichten, basierend auf wahren Begebenheiten
ISBN: 978-3-743127-06-7

→ Coachingbook Novelwriting
Wie Du Dein Buchprojekt durchziehen kannst
ISBN: 978-3-750452-10-7

→ Wirkungslos
Gedichtband mit 50 Sonetten
ISBN: 978-3-752640-34-2

→ Blue Boys
Coming-of-Age-Roman
ISBN: 978-3-753405-86-5

→ Verborgen
Fantasy-Krimi
ISBN: 978-3-75349-39-4

weitere Informationen finden Sie unter

www.toshisworld.blogspot.com

über Anchor, Spotify & Apple Podcast.

Torsten Ideus, 41 Jahre alt, hat bereits einige berufliche Richtungen ausprobiert. Er hat die „Große Schule des Schreibens" besucht. Als gelernter Koch arbeitet er mittlerweile lieber im Service und lebt an der Nordseeküste, wo andere Urlaub machen.

Sein Blog „Toshis World" läuft seit März 2015. Hier gibt der Autor Tipps zum Kreativen Schreiben, bespricht Musikkritiken und schreibt über seinen Alltag als offen queer lebender Schriftsteller, seit 2020 gibt es auch einen dazugehörigen Podcast.

Nach dem „Coachingbook Novelwriting" ist dies sein zweites Sachbuch.